J'avance dans votre labyrinthe

Lettres imaginaires à Franz Kafka

Marie-Philippe Joncheray

あなたの迷宮のなかへ

カフカへの失われた愛の手紙

マリ=フィリップ・ジョンシュレー

村松 潔 訳

CREST BOOKS
Shinchosha

あなたの迷宮のなかへ

――カフカへの失われた愛の手紙

Marie-Philippe JONCHERAY
J'AVANCE DANS VOTRE LABYRINTHE
Lettres imaginaires à Franz Kafka

Assemblage by Mitsuru Katsumoto
Photograph by Bunsei Matsuura
Design by Shinchosha Book Design Division

Credit: Yad Vashem

Milena Jesenská, 1896-1944

凡　例

「はじめに」内の(i)、(ii)は原書の脚注。

＊印は本文の原註（注釈は本文の最後に掲載）。

〔　〕内は訳註。

はじめに

プラハ生まれのドイツ語作家だったフランツ・カフカは、彼のチェコ語の声であり翻訳者だったミレナ・イェセンスカーからの——一九二〇年から一九二三年にかけて書かれた——手紙をおそらく燃やしてしまったのだろう。カフカは自分自身の作品をはじめ、すべてをこの世から消してしまうつもりだったのだから。一九二四年、長年の病だった肺結核で命を落とす直前、カフカは当時の伴侶、ドーラ・ディアマント〔(一九〇〇頃—一九五二)ポーランド生まれのユダヤ人女性で、カフカの最後の恋人。カフカの最期を看取った〕に自分の書いたものの多くを処分するように頼んでいる。けれども、ときおり、わたしは夢想する。カフカのデッサンがそうだったように、その手紙もどこかの金庫の底に、あるいは、シュタージ〔旧東ドイツの秘密警察・諜報機関である国家保安省の通称〕の書類のなかから発見された一九四四年の日付のあるミレナ・イェセンスカーの最後の手紙のように、どこかの古い資料の下に残されているのではないかと。ひょっとすると、一九三三年にドーラ・ディアマントの家からゲシュタポ〔ナチス・ドイツの国家秘密警察の略称〕によって押収された書類——カフカの日記帳二十冊とドーラ宛の手紙三十五通——といっしょになっているのではないかとも。フランツ・カフカにあっては、あらゆる矛盾が共存するが、そのなかでも最大の矛盾はわたしたちに残された手紙の存在感を裏打ちするのがまさにこの消え去った手紙だということだろう。ミレナ・イェセンスカーの手紙はフランツ・カフカに手紙を書かせただけではなく、その後もずっと目に見えないかたちで存在しつづけたのだから。

ミレナ・イェセンスカーが『火夫』〔カフカの短篇小説。一九一三年刊。長篇『失踪者』の一部として書かれた〕を翻訳しようと思いたち、一九二〇年春にふたりが顔を合わせたとき、まだうら若いミレナがプラハでスキャンダルを巻き起こしていることを、カフカはヨゼフ・コディチェク〔（一八九二—一九五四）チェコのジャーナリスト、演劇評論家〕から聞いて知っていただろう。彼女は、友だちのスタシャ〔原註5参照。旧姓プロハースコヴァー〕やヤルミラ〔原註6内参照。旧姓アンブロジョヴァー〕といっしょになって、イギリスのラファエル前派風の奇抜な髪形をして、ドイツの若い世代の作家たちと関わりをもったおそらく最初のチェコ人だった。未来のチェコスロバキアの女性インテリゲンチャを生み出した現代的なギムナジウム・ミネルヴァ〔プラハの女学校。一八九〇年、オーストリア＝ハンガリー帝国最初の女子ギムナジウムとして発足。ミレナ、スタシャ、ヤルミラの母校〕で文学と語学を学び、ドストエフスキー、メレディス〔ジョージ・メレディス（一八二八—一九〇九）イギリスの作家、詩人〕、トルストイ、ヤコブセン〔イェンス・ペーター・ヤコブセン（一八四七—一八八五）デンマークの作家、詩人〕、トーマス・マンの小説や、フランスの象徴派の詩人たち、チェコの頽廃派《デカダン》や生命主義派《ヴィタリステン》〔チェコの前衛派〕の作品を読んでいた。オーストリア＝ハンガリー帝国の統治から解き放たれ、生まれたばかりのこの民主主義国で、病身の母を亡くしたミレナは、波乱にみちた、騒々しい、反抗的な人生を歩みはじめていた。

二十四歳にして、彼女は不幸だったが、肉体的にも知的にも大胆な女性だった。生活費を稼ぐためにためらいもなく駅のポーターとして雇われたり、ドイツ語をまだ完全には自分のものにしていなかったにもかかわらず、この秘めやかな天才作家の翻訳に乗り出したりしているのだから。もっとも、それは、ひとつには、カフカの言葉はたしかにドイツ語ではあるが、なんといっても彼の生まれ故郷プラハの言葉であり、彼女にも馴染み深かったからでもあった。しかも、フランツ・カフカは、そのほうがずっと親密さを感じられるという理由で、彼女に手紙を母語のチェコ語で書くように要求している。この強迫症的な手紙魔――三十歳のとき、最初の婚約者のフェリーツェ・バウアー〔一八八七―一九六〇 シレジア地方出身のユダヤ人女性。カフカと二度婚約し、二度とも解消〕に五百通以上もの手紙を書いている――はなによりも内密なやりとりが好きだった。心と心の交わりが大切だったのである。ミレナ・イェセンスカーがウィーンに、彼がプラハに住んでいるという事実、ふたりの恋人の肉体のあいだに地理的な隔たりがあることが、彼らの対話に欠かせない条件だった。この欠落と不在こそがフランツ・カフカに熱狂的に手紙を書かせ、彼は言葉の肉体のなかに手でさわれる相手の存在感を見いだそうとした。だが、たちまちのうちに、彼の存在と切り離せない不安が、病気とも不可分の不安が、この時代の困難な状況――反ユダヤ主義がますます険悪さを増し、ユダヤ人大虐殺《ポグロム》が繰り返され、プラハのユダヤ人市庁舎が略奪された――によってさらに増強されて、カフカのなかで肥大化していく。他人への欲求が彼の不安をふくらませ、愛する悦びが苦しみになるのだった。

ふたりが実際に会ったのはほんの数回だった。一九一九年秋にカフェ・アルコ〔原註1参照〕で初めて顔を合わせ〔カフカとミレナが初めて会ったのは一九二〇年春とする説もある〕、一九二〇年春には、ミレナがメラン〔原註3参照〕に束の間彼を訪ねた。一九二〇年の六月末から七月初めにかけて〔六月二十九日から七月四日。カフカは二十九日にウィーンに着き、四日朝にプラハへ発った〕は、彼がウィーンに足をはこんで、愛の共犯関係と幸せにみちた四日間を過ごした。そのあと、フランツ・カフカは、ふたたび彼女と会うことの不安に苛《さいな》まれて長いあいだ考えあぐんだ末、プラハとウィーンの中間にあるグミュント〔原註8参照〕で彼女と再会するが、この密会は失敗だった。自分自身の囚人だったフランツ・カフカは完全に硬直したままだった。この悲痛な経験から、彼のなかでは、この常軌を逸した物語がやがて自分を破滅させることになるだろうという確信がしだいに強まっていったが、訣別までにはまだ長い時間がかかる。そもそも、事の初めから、そのすばらしさと激しさが書くことによって掻き立てられる究極の愛をどうやって振り捨てるかが問題だったかのように。一九二〇年八月九日には、フランツ・カフカはミレナ・イェセンスカーに対して、彼女の手紙は自分の人生で起こったもっともすばらしい出来事だったと言いながら、おなじ年の十二月〔翌一九二一年一月初めとする説もある〕には、はっきりと文通を終わらせる意思を示している。そして、その後、それまでの数年間の日記と小説〔カフカの長篇小説『失踪者』〕の原稿を彼女に渡している——要するに、自分の存在の核心部分を、その魂と作品を引き渡しているのである。手紙のやりとりは一九二二年春まで中断されるが、そのあとまた——間隔をあけたかたちでだが——再開される。このときにはもはや深い愛情をたたえた共犯意識はなく、フランツ・カフカの息を詰まらせつつある死の恐怖にみちたやりとりになっている。いまや彼は自分自身に向かって語りかけているだけだった。たわいない手紙や絵葉書や読んだ本についての感想を記した手紙の冒頭には、〝親愛なるミレナ様〟という他人行儀な挨拶語が復活している。そして、矛盾しているようではあるが、ある意味では当然の成り行きとして、手紙が当たり障りのないものになり、情熱が冷めてしまうと、ミレナ・イェセンスカーがフランツ・カフカを訪ねることができるようになる。忍び足での、言葉数も少ない訪問で、フランツ・カフカはもはやなかば死んでいるようなものだったけれど。書くということは鋭利なナイフを振るうようなもので、その書くことを通した愛で心を広くひらくことがなくなると、また不安がぶり返し、それがすべてを凌駕するようになったのである。

ミレナへの手紙を読みはじめるやいなや、わたしにはそこにはいない手紙の相手の存在がありありと感じられた。ひとつひとつの文が彼女の存在を喚起して、空隙がたちまち満たされた。フランツ・カフカが彼女に向かって放つ思いのひとつひとつの空洞のなかにミレナ・イェセンスカーがいた。彼女という人間がこのころカフカの生活全体を満たしていたように、彼女の存在が文章全体に浸みわたっていた。彼はほとんど一通ごとに手紙を受け取ったことを報告し、日に何度も彼女に手紙を書いている。手紙を読んでいるときの自分の心理状態を分析し、相手の文章を引用してコメントをくわえ、あれこれ問い質しているのだが、あまりにも事細かに問い質しているので、答えはすでに彼の言葉のなかに刻みこまれているかのようだ。〝生きている炎[1]〟と彼が呼ぶ若い女の声が聞こえる。そう、フランツ・カフカの手紙を読んでいると、彼女はたしかに生きている。カフカがいま、ここで書いているので、彼女は生きているのだった。手紙の文章はそれを読む者をふたりの対話の永遠の現在のなかに引きこむ。読者であるわたしはその手紙が宛てられた相手になりかわる。読むことによって対話がはじまり、フランツ・カフカの書き方があまりにも緻密で、あまりにも親密なので、わたしはそれに衝き動かされ、黙っていることができなくなった。あたかも自分がミレナ・イェセンスカーになったかのように、すぐさま返事を書いて、この手紙のやりとりをみずから生きずにはいられなかった。

ミレナ・イェセンスカーの人物や文章のスタイルは、この文通相手による形容からも想像できるし、身近な人たちの証言――ラーヴェンスブリュック強制収容所〔ベルリンの北約八十キロにあった。ユダヤ人を含めて、政治犯や反社会的などの理由で逮捕された女性たちが収容された〕での友人=恋人だったマルガレーテ・ブーバー=ノイマン〔(一九〇一—一九八九) ドイツの著述家。ソ連、ナチス両方の強制収容所に政治犯として収容された。一九四五年四月、ラーヴェンスブリュック強制収容所から解放される〕や娘のヤナ・チェルナー〔(一九二八—一九八一) ミレナと二番目の夫、建築家ヤロミール・クロイツァルとの娘。チェコの詩人、作家〕による伝記――からも読みとれ、『生きる』[ii]というタイトルでまとめられた、ジャーナリストとして彼女が書いた記事からも、さらには彼女が自分の父親や娘や友人のヴィリー・シュラム〔(一九〇四—一九七八) オーストリア=ハンガリー帝国治下プシェミシル出身のジャーナリスト。一九三八年に米国へ亡命。戦後しばらくしてヨーロッパに戻り、雑誌の編集・発行などをおこなう〕宛に書いた晩年の手紙からも伝わってくる。彼女の文章は自然で生き生きとしていて、流れるような言葉づかいは感情ゆたかで、感傷的であり感覚的でもある。ふいに感情を高まらせたかと思うと、沈んだ調子でじっくり考えこんで、自分の矛盾を認めたりする。彼女はチェコ語では「感傷的で、嫌になるほど真実に熱中して」しまうが、ドイツ語では「落ち着いていて、辛辣で、上機嫌で」いられるのだと言うが、そういうドイツ語で書いているにもかかわらず、ヴィリー・シュラム宛の手紙には、彼女の性格の様々な面が見てとれる。ミレナは、自分が正しいと信じているときには――ときには強情なくらい――自己主張でき、共感されることを必要としていて、忍耐を欠くことがあり、自分の望みを命令口調で言う傾向があった。彼女は気分が変わりやすく、見捨てられているという気持ちもあり、悲劇を見抜く目をもっていて、慰めを必要としており、明晰さを保ちながらも未来を信じていて、闘争心と自尊心と誠実さを兼ねそなえ、しかも、手紙を書くのがとても好きだったのである。

マリ＝フィリップ・ジョンシュレー

(i)マックス・ブロートへの手紙、メランのペンション・オトーブルクから、一九二〇年五月
(ii)『生きる（Vivre）』クローディア・アンスロによるチェコ語からの仏訳、リュー・コマン刊、一九八五年／カンブラキス再刊、二〇一四年

参考文献

ミレナ・イェセンスカーが書いたもの

『生きる』クローディア・アンスロ訳、リユー・コマン刊、一九八五年
『ミレナ・イェセンスカーの手紙　一九三八—一九四四　プラハからラーヴェンスブリュックまで』エレーヌ・ベレット＝シュッセル訳、プレス・ユニヴェルシテール・デュ・セプタントリオン刊、二〇一六年

ミレナ・イェセンスカーの伝記

『ミレナ』マルガレーテ・ブーバー＝ノイマン著、アラン・ブロサ訳、スーユ刊、一九八六年
（邦訳『カフカの恋人 ミレナ』田中昌子訳、平凡社ライブラリー、一九九三年）
『ミレナの生涯』ヤナ・チェルナー著、バルボラ・フォール訳、マレン・セル＆コンパニー刊、一九八八年

フランツ・カフカの作品

『ミレナへ』ロベール・カーン訳、エディシオン・ヌー刊、二〇一五年
『ミレナ・ポラックへの手紙』ロール・ベルナルディ、ジャン＝ピエール・ルフェーブル、ジャン＝クロード・ランバック共訳、ガリマール刊プレイヤード叢書、二〇二二年
『マックス・ブロートへの手紙』ピエール・デシュス訳、パイヨ＆リヴァージュ刊、二〇〇八年
『日記』ロベール・カーン訳、エディシオン・ヌー刊、二〇二〇年

手紙のなかで言及されるフランツ・カフカの中篇小説と草稿

『父への手紙』、『変身』、『巣穴』、『断食芸人』、『流刑地にて』、『判決』

同時代人の証言

『カフカとの対話』グスタフ・ヤノーホ著、ベルナール・ロルトラリー訳、エディシオン・モーリス・ナドー刊、一九七七年（邦訳『カフカとの対話』吉田仙太郎訳、みすず書房、二〇一二年）
『フランツ・カフカ』マックス・ブロート著、エレーヌ・ジルベルベルク訳、ガリマール刊、一九四五年（邦訳『フランツ・カフカ』辻瑆、林部圭一、坂本明美訳、みすず書房、一九七二年）

親近性のある作品

『昨日の世界』シュテファン・ツヴァイク著、ジャン＝ポール・ツィンマーマン訳、レ・ベル・レートル刊、二〇一三年
『ゴーレム』グスタフ・マイリンク著、ジャン＝ピエール・ルフェーブル訳、GFフラマリオン刊、二〇〇三年
『ウィーンの辻音楽師』フランツ・グリルパルツァー著、ジャック・ラジャリッジ訳、エディシオン・ジャクリーヌ・シャンボン刊、二〇〇〇年
『裏面』アルフレート・クビーン著、ロベール・ヴァランセー訳、クリスティアン・ユバン改訂版、ジョゼ・コルティ刊、二〇〇〇年
『O侯爵夫人』『ミヒャエル・コールハース』ハインリヒ・フォン・クライスト著、M＝L・ローロー、ジョルジュ・ラ・フリーズ訳、ラ・レピュブリック・デ・レートル刊、二〇一八年
『若きウェルテルの悩み』ヨハン・ヴォルフガング・フォン・ゲーテ著、ピエール・ルルー訳、ル・リーヴル・ド・ポーシュ刊、一九九九年

一九二〇年三月六日、ウィーン

親愛なるカフカ博士、

翻訳はむずかしいけれど、光にみちた作業です。

あなたに巡り合って――あなたの作品に巡り合って――からというもの、わたしは抱き締められ、理解されていると感じています。だからこそ、わたしはあなたを翻訳したい、もっと翻訳したいと思うのです。わたしたちのあいだのこの細い道に、わたしは居場所を見つけました。あなたの文章がわたしを救ってくれ、この世界で苦しんでいるのは自分ひとりではないと思えるからです。わたしにはいなかった兄弟が、グレーゴル・ザムザ〔カフカの中篇小説『変身』の主人公〕がいるのですから。

この作品がわたしが読んだ初めてのあなたの作品ですが、そこにはすべてが含まれています。これはわたしです。この虫こそわたし、まさにわたし自身なのです。

『変身』はわたしの青春時代のすべてを語っています。わたしの父〔ヤン・イェセンスキー（一八七〇―一九四七）。チェコの歯科医、カレル大学教授〕はひどく自己中心的な暴君で、娘を自分の思いどおりにしようとしました。母はわたしが十三歳のときに亡くなり、母がいないことでわたしはずっと寂しい思いをしてきました。母はやさしいひとで、わたしを愛してくれましたが、父はとても高慢で、わたしにむりやり医学の勉強をさせ、やがてわたしが思いどおりにはならないと悟ると――わたしは自由になりたくて、医学の勉強をやめてしまったのです――わたしを監禁しました。父にとって、わたしは化け物みたいなものだったのです。というのも、わたしは自分の社会階層に、父のような新興富裕層に似つかわしい、けっして声を荒げることのない品行方正な人々にふさわしい生き方がすこしもできなかったからです。そこでは偽善が幅をきかせていて、父は暴力的、攻撃的になることもありました。わたしはグレーゴル・ザムザみたいに自分の部屋に閉じこめられたわけではなく、いちばん傷つきやすい年ごろに、肉体的に深い傷を負ったちょうどその時期に、強制的に私立病院――病院とは名ばかりの、実際には、じっとしていられない若い娘たちを黙らせるための精神病院――に入院させられたのです。わたしは気が狂ってしまうのではないかと思いましたが、さいわいなことに、エルンスト・ポラック〔ミレナの最初の夫。銀行員、文芸批評家〕に恋をして、彼のおかげで病院を脱出し、プラハから、ユダヤ人とドイツ人に対して二重の憎しみに燃えている父の監督下から、逃げ出すことができました。あなたもご存知のエルンストはとてもやさしく、とても優秀で、みんなを愛し、みんなから愛されており、わたしも心から彼を愛したいと思っています。彼はあなたの友だちで、カフェ・アルコ*1でわたしたちが出逢ったのは彼のおかげなのですから。あなたは覚えているでしょうか？

ミレナ・イェセンスカー

一九二〇年三月十一日、ウィーン

わたしは苦労して、奮闘して、くたくたになっていますが、あなたの言葉を、あなたの文章を、あなたの考えを、あなたのリズムを追っていくのは強烈な悦びです。わたしはあなたといっしょに歩んでいます。前にも言ったように、いまでは、わたしにはこの道があるのです。夫はわたしを完全に自由にさせてくれるので、あなたのためにいくらでも時間がかけられます。

あなたのおかげで、ウィーンは毎日暗いわけではありません。春の気配が感じられ、軽い気持ちになることもあります。あなたの作品に没頭しているあいだは、わたしは空中にふわふわ浮いているような気分です。

わたしの翻訳原稿を読みすすんでいただく前に、翻訳の作業がわたしのなかでどんなふうに進むのかについて、翻訳という移し換え作業のなかにどんな創意が含まれるのかについて、あなたが不正確だと感じられるかもしれない部分を大目に見ていただくためにも、説明しておきたいと思います。わたしは自分が忠実だと思いますが、常にそうであることを自分に強制しているわけではありません。そう考えなくても、そうなるのです。あなたの言葉がわたしに霊感を与え、わたしの言葉が受けとって従うべき法則を課すのです。あなたはドイツ語で書いていますが、わたしはチェコ語で話す声が聞こえるような気がしています。あなたの言葉はそれほどプラハ的なのです。初めて読むときには、わたしにはそれをどうしようという考えもありません。翻訳したいかどうかさえ考えずに、あなたの文章に向かうのです。そして、あとになってから、とくに深い印象を受けた場合には、翻訳したいという気持ちになります。わたしのなかのなにかがそれを要求するのです。それがその作品を自分のものにするわたしのやり方だからです。そうなると、こんどはあらためて声に出してそれを読みます。自分の声を通してあなたの声を聞くという快楽を、そのとても奇妙な感じを味わうためですが、それは生理的なものです。あなたの言葉はふつうの言葉ですが、言葉同士を結びつけるあなたのやり方にわたしはいつも驚かされます。まるで小石をしゃぶっているかのように、あなたの言葉は抵抗するのです。わたしは言葉の正確な意味を探ろうとするよりは、むしろあなたの文章のリズムを、音楽を体に沁みこませようとします。言葉が放射状にひろがって、仮のかたちを取り、それがわたしの記憶の奥にあるほかの言葉を呼び起こすのを見守るのです。わたしは思いつくままにいろんな言葉を書きとめます。最初の木霊《こだま》の痕跡——初めての胸のときめきみたいなもの——を残しておきたいから、第一印象をメモするのです。わたしはそれに忠実でありたいと思っています。音が気にいったから新しい言葉を覚えようとするこどもみたいに、わたしはまず自分勝手に意味を想像することからはじめます。言葉が震える音に耳を澄まし、それが統語法《シンタクス》に基づいて自分のなかで動きまわるに任せます。文章が循環して、わたしを潤してくれるまで、わたしは読み、読み返します。イメージがわたしの養分になるのです。

あなたの作品を読むのはひとつの出逢いを経験するようなものです。わたしたちには似たところがたくさんあるし、違うところには好奇心をそそられます。忘れていた恋が息を吹き返すみたいに、それはわたしのなかに宿ります。そして、わたしのなかにそれまで降り積もっていたもの、わたしを形成してきたもの——それがこの出逢いを引き寄せたのですが——を掻き立てるのです。わたしは文章と対話します。文章はわたしに問いかけ、わたしを照らしだし、わたしの打ち明け話を聞いて、わたしの記憶を延長し、わたしのなかに人類を鼓動させて、わたし自身よりもわたしをよく理解してくれます。それはわたしに働きかけ、わたしのなかで動きまわります。わたしはそういう文章を翻訳するのですが、それはチェコ語の道をひらいてやって、その言葉がみんなに届くようにすることなのです。そのためには独自の法則に基づく新しい言葉を発明しなければならないのですが……行き詰まることもよくあります。あなたの言葉のひとつを翻訳するためには一篇の小説が、あなたの手もとにある何冊もの小説が必要になることがあるからです。けれども、わたしには学識はないので、自分が行き詰まっているそういう箇所を——あなたはお気づきになるにちがいありませんが——見過ごしてしまっていることもあるでしょう。なにひとつ洩らさないことは不可能です。ただ、あなたもわたしとおなじようにプラハの人間だという事実が、ふたりに共通する道を、ふたつの世界の中間点を見つける助けになるかもしれません。翻訳は肉体的な場所ですが、それは精神的な場所になり、完成したときには、また肉体的な場所に戻ります。翻訳するということはもう一度生まれるということなのです。

ミレナ・イェセンスカー

一九二〇年三月二十二日、ウィーン

親愛なる博士、

ウィーンはとても軽々しい。でも、わたしは自分でそうしたいと思うほど軽々しくはなれません。エルンストは、いつもの伝《でん》で、ウィーンが求めるとおりにしています。あちらからこちらへと飛びまわって、カフェを渡り歩き、次々に女性を誘惑しています。自分が世界最強だと信じて、両替商の太鼓腹をどこへでも持ち運んで、この世のすべてをわがものにしようとしているのです。いまではすこしもわたしといっしょにいることはありません。彼はそういう生き方が気にいっているのだから、わたしはそれを認めてあげるべきなのでしょう。彼がわたしを救ってくれたのだから、わたしは彼を愛すべきで、浮気などなんでもないと思うべきなのでしょう。彼はわたしを愛していると言い放って、そういうことは気にするなと言っています。けれどもわたしは、もしも愛するとすれば、それは全身全霊をかけてのことで、わたしはすべてが欲しいのです。ほかのだれかと共有することはできません。そうしたいとは思うのですが、できないのです。それにもかかわらず、わたしはまだ彼を愛しているし、おそろしく苦しんでいます。ある種の純粋さに苦しめられているのです。

わたしはみんなとおなじようにしたいのです。カフェに行って、笑ったり、うたったり、ちらりと目配せをするだけで、軽い気持ちでだれとでも寝たり。でも、そうする代わりに、わたしは息を詰まらせて、自分の部屋に閉じこもっています。わたしは醜くて、ひとりぼっちです。わたしがいっしょにいたいのはあなただけ、わたしを理解し慰めてくれるあなたの言葉のなかだけです。

ミレナ・イェセンスカー

追伸
カタログのなかに、あなたが『殺人者』[*2]という作品を書いたのを見つけました。それを送っていただけますか？

一九二〇年四月十七日、ウィーン

ありがとう、親愛なるカフカ博士、メラン*3のこと、バルコニーや庭の花々や小鳥たちのことを話してくれて！　読んでいるあいだ、わたしはあなたといっしょにいる気分でした。あなたがそこにいると思うとうれしいし、そこにいる様子をずっと想像しています。あなたが穏やかな気分でいると思うだけで、わたしはほっとします。そうです、外国というのはそれだけでもすてきです。わたしも自分の国ではない場所に住みたいと思っています。わたしには生まれた国がないみたいなのです。わたしはどこの人間でもなく、ずっと旅をしているかのようです。わたしはウィーンという街の名をよく知っているみたいに口にしますが、それは外側の殻に、音楽にすぎません。街のいろんな風景を見ても、いつも初めて見るような気がするし、人々はまるで宇宙人のように見えます。でも、わたしはそういう人々が好きなのです。彼らの話す外国語は音楽に聞こえます。わたしはあなたのなかのとても変わっているところが好きです。あなたはいろんな面でわたしとは非常に違うし、ほかの人たちとも大きく違います。わたしにはけっしてあなたというひとのベールを剝がすことはできないでしょう。というのも、曲がり角に来るたびに、また霧のような謎が湧き出してくるからです。あなたはわたしに抵抗していますが、それにもかかわらず、わたしにはあなたがとても馴染み深い存在に感じられます。

ミレナ J

一九二〇年四月二十八日、ウィーン

親愛なるフランツ・カフカ様、

もっと早く返事を書けなかったのは、いまはとても忙しいからです。あなたを翻訳するのはそれだけでもう目がまわるほどの大仕事です。わたしのドイツ語はそんなに確かではないからです。わたしが沈黙しているあいだ、わたしはずっとあなたのそばにいるのだと考えてください。わたしはあなたの文章の行間に住んでいるのです。あなたの文章がわたしの住まい、わたしの天空、わたしの世界です。あなたをできるかぎり忠実に、可能なかぎり正確に翻訳するという作業は、わたしに全身全霊を傾けることを要求します。あなたを理解するためには解釈しなければなりませんが、そこに思い違いや勘違いや安易さが入りこまないようにしたい。わたしはあなたにしがみつかずにあなたを理解したいのです。あなたの声をみのり豊かな声に、文学だけが与えられる自由のなかに延びている道みたいに、探求し与える声に聞こえるようにしたいのです。そうです、わたしはあなたに会いにいって、メランの空気を吸いたいと思っています。ウィーンから逃げ出すことを夢見ることもあります。ここは空気がどんどん重苦しくなり、工場の煤煙や、過度の不機嫌や、遊び人たちの浮かれ騒ぎや、金持ちの見せびらかしや、貧しい人たちの目にあまる悲惨さや、不潔さや、とりわけマスコミや一般大衆のユダヤ人に対する攻撃性があふれているからです。でも、それには有効なパスポートとビザが必要で、それは簡単なことではありません。戦争によって傷つけられているこのヨーロッパでは、気軽に動きまわることはできないのです。異国でありながら慣れ親しんだこの街、ウィーンは有毒でありながらそれとおなじくらい美しい街です。わたしは自分の国にいられないことにしばしば苦しい思いをしています。プラハに戻って暮らすのが夢ですが、それは不可能な夢なのです。

ミレナ・イェセンスカー

一九二〇年四月二十九日、ウィーン

親愛なるフランツ・K、わたしはいまはウィーンを離れられません。病気だからです。肺の病気です。この病気がどこから来ているのか、わたしにはわかりませんが、医師は確かだと思っているようです。もう歩くこともできず、息切れがして、また息が詰まるようになりました。しかも、一銭の旅費もないので、療養にいくことさえできません。さいわい、わたしにはまだお茶とリンゴがありますが。

床《とこ》を離れることができるようになったら、またすぐに連絡します。

M J

一九二〇年五月二日、ウィーン

親愛なるフランツK、

安心してください。わたしはよくなっているし、自分の健康には気をつけています。わたしの肺はようやく空気を吸えるようになり、外出して、街を歩きまわれるようになりました。そして、街を歩くたびにほとんどいつもそうなるのですが、手紙を書きたくなったのです。翻訳の仕事も再開しました。これこそふだんの生活に戻るのに必要なことだと思います。待つことについての記事を一気に書きました。長期間ベッドに横になっていたあいだに、わたしはあなたのことを想像し、そういうとき人の心に浮かぶことについて考えてみたのです。それはあなたのことを語り、わたしのことも語っています。あなたがわたしにどんなにインスピレーションを与えているか、わたしたちのあいだで何が起こっているかおわかりでしょう。わたしの記事が雑誌に採用されたので、今週は食料戸棚を満たすためにチェコ語のレッスンの仕事を探す必要がなくなり、翻訳に専念できます。あなたの『火夫』の翻訳が掲載されている四月二十二日号の『幹《クメン》』誌を送ります。あまりきびしい目で見ないでください。わたしはまだあなたの言語のドイツ語も、あなた自身のことも勉強中なのだと考えてください。『田舎医者』〔カフカの短篇集。奥付では一九一九年発行とされているが、実際の刊行は一九二〇年にずれた〕も読みたいと思っています。

記事のなかでわたしが言っているのは、わたしたちは待つことなしには生きられないのだから、意を決して、待つことを学ばなければならないということです。幼い少女のころ、わたしは人生がはじまるのをいまかいまかと待っていました。舞台の幕が上がるように、そのうち人生がはじまるのだと思っていたのです。わたしはいつまでも少女のままで、ずっと待っていました。じつにいろんなことがありましたが、なにもはじまりませんでした。さまざまな出来事がありましたが、期待していたほどすばらしくはありませんでした。それがすばらしいことになるのは思い出になったとき、ふたたびそれが起こることを期待するときでした。人は過去に生き、未来に生きることしかしていません。でも、それを変えなければならないのです。待つことの現在に生きること、灌木と砂と赤茶けた樹冠を陽光に照らされた痩せた松の木ばかりのこの荒れ地で生きること。それよりもすばらしいことがあるでしょうか？　それに思いきり口づけをして、現在という日にすべてを捧げること。ただ単に生きてあることに。

だから、わたしを待ってください。わたしたちの物語の最良の部分かもしれないこの待つということを存分に味わってください。

ミレナＪ

一九二〇年五月七日、ウィーン

フランツK、あなたの婚約がどうなっているのか説明していただく必要があります。それは本気なのですか？　あなたの婚約者はどんな心境なのですか？　わたしがどんなものを書いたかとお尋ねですが、じつはわたしはつまらない連載記事しか書いていません。なによりもまずお金が必要で、生活費を稼ぐためには書くことがいちばん伸び伸びできる方法に思えるからです。ただ、わたしがやりたいのはジャーナリズムです。人々、街、さまざまなやりとりについて語るために書くべき記事は無数にあるような気がします。この地上の、暗い路地裏の半地下の、もつれ合い絡まり合った人々の暮らし、だれも足を踏み入れたがらない裏庭で起こっているさまざまなこと。だれひとり行きたがらないような場所にこそ、わたしは行きたいのです。

わたしはもうひどい病気ではありません。少しずつまた息ができるようになっています。メランの空気を送ってください。わたしはあなたの庭を夢見ています。

あなたのミレナ

一九二〇年五月十日、ウィーン

フランツK、あなたに手紙を書いている時間があまりありません。でも、お願いですから、ミレナ様とは呼ばないで。ただのミレナと呼んでください。あなたの質問にお答えすれば、そうです、わたしはエルンスト・ポラックと結婚しています。わたしは彼と結婚し、彼がわたしの命を救ってくれたので、わたしは断ち切ることのできない絆で彼と結ばれているのです。わたしは法律上の結婚のこと――便宜主義と安易さから、わたしは自分の意思で法律に従っていますが――を言っているのではありません。法律は愛がなければ意味がありませんが、わたしたちのあいだには絆があるのです。

わたしの健康については、医師はわたしの肺に感染があったけれど、いまでは、すべてが正常に戻ったと言っています。ここでは、毎日の生活が苦しいと言わなければなりません。お金が足りないのです。エルンストは給料をすべて遣ってしまい、ポケットを空にして帰ってきます。わたしが彼を食べさせ、家計を維持しなければならないのです。

わたしの連載記事はあなたに送りたくありません。あまりにもひどすぎるからです。

わたしにはほんとうの気持ちを話してください。あなたを翻訳しているとき、わたしはすでにあなたとしっかりと結びつき、あなたのなかに、あなたのどこかいちばん深いところに入りこんでいるのです。

ミレナJ

一九二〇年五月十六日、ウィーン

親愛なるフランツK、

わたしがきょう書きはじめた一枚目はあなたへの手紙です。あなたに話したいことがあるからです。あなたに感謝の気持ちを伝えたいのです。きのうは一日中霧のなかで過ごしたあと、不思議なことに、よく眠れました。夢と現実の狭間の一日、わたしはあなたのことを考えつづけ、一日中あなたの存在感があまりにも強かったので、もしかすると、あなたのほうもわたしのことを考えていたのではないか——わたしはときどきそんなふうに信じてしまうことがあります。実際には、そんなことはないのでしょうが、まるでどこか上のほうの抽象的な領域にわたしたちふたりが吸い上げられて、わたしたちが交換する言葉によって呼び起こされる——わたしには単にそれだけでなく、生理的な流れが感じられるのですが——世界でいっしょになっているような気がするのです。一日中ずっと、わたしはあなたからわたしへの流れに身をさらしていたようで、だからこそよく眠れたのが驚きでした。どうして心の落ち着きが得られたのか？　きのうの夜、ベッドに入ったとき、わたしの頭のなかにはあなたの言葉が渦巻いていました。ときにはドイツ語、ときにはチェコ語で。あなたの手紙の言葉や、わたしが翻訳しているあなたの作品の言葉。ふたつの言語が完璧に滑らかに呼応していました。言葉が二つずつ組になって流れていったのです。同義語だったわけではありません。ふたつの言語のあいだには同義語は存在しないからです。そうではなくて、そのふたつは溶け合い、ひとつになって、もっと豊かになっていたのです。わたしはその手紙を何度も読み返しました。そして、それから目を離すとすぐに、こんどはそれを思い出し、自分の心に刻みつけようとしたのです。ベッドのなかで眠ろうとしながら、温かいねぐらのようなあなたの言葉に埋もれ、ハムスターみたいに体を丸めてあなたの言葉を抱いていました。動きまわる言葉を自分のそばに呼び寄せて、それがわたしの体を包みこむようにしたかった。それがわたしの頬をふくらませるのを感じました。

あなたの手紙を受け取ると、たいてい初めは大急ぎで、貪《むさぼ》るように読んでしまいますが、そのあとで、ただあわてて目を通しただけで、自分が期待していたことしか目に入らなかったことに気づきます。期待どおりの言葉が見つからずにがっかりすることさえあるのです。そして、さらに何度か読み返すうちに——あなたはわたしに心をひらいてくれているので——それが少しずつ理解できるようになって、花がひらくように手紙がひらいて、そのよさがわかるようになり、自分がそれに愛撫されるのを感じて驚くのです。そうやって、わたしはあなたという迷宮のなかにそうっと入っていきます。あなたがつくり出すイメージは、親しみ深いと同時にどこか奇妙で、わたしの心をギュッとつかんでしまいます。よくわからないだけによけい惹きつけられるのです。理解はできないのですが、自分のなかのどこかに通じるものがあるような気がします。暗黙の共犯関係があるかのように。心の底ではわかっていて、通じ合えるかのように。親しみと異質さを結んでいるこの糸がとても貴重なのです。抵抗がありながらどうしようもなく惹きつけられること。あるいは、これはなんでもないのかもしれません。わたしがかってに想像しているだけなのかもしれません。わたしの錯覚にすぎないのかもしれません。いや、でも、そうではないでしょう。わたしを夢中にさせるこの不思議なイメージをわたしが自分でつくり出すことはできないのだから、それはわたし自身よりずっと強烈なものなのだから。もしかすると、それはあなたでもあり、わたしでもある人間なのかもしれません。そうなのかどうか、わたしにはそれを訊ねる勇気はありません。その答えを知りたくはないのです。「そうです。それはあなたなのです」とあなたが言えば、それは悪くないかもしれないけれど、わたしはがっかりするかもしれません。この人間はわたしではありません。わたしの手には負えないのです。わたしは自分に抵抗し、無限の空間をひらいてくれる、理解できないところのあるイメージが好きなのです。もしもあなたが「そうではない」と言えば、わたしが信じているすべてが消え去って、わたしにとって大切な空間が閉ざされてしまうでしょう。わたしは自分があなたをどこまで正確に理解し、どんな点で誤解しているのか知りませんが、むしろ知らないままでいたいと思っているのです。

あなたのミレナ

追伸

たしかに父からの仕送りはあります。不十分な額ですが。いいえ、ウィーンではわたしはだれとも付き合っていません。みんなエルンストの友人で、わたしの友だちではないので、会いたくもないからです。それに、外出している暇もありません。興味があるのは書く仕事だけです。

一九二〇年五月十七日、ウィーン

フランツ、フランツK、フランK、フランク、フランク、フランク、フランク〔カフカの署名のクセを真似てミレナは「フランツK」とか「フランク」とか呼びかけるようになる〕……

ドストエフスキーについて、彼は、人から感嘆されても、それで得意になることはなく、むしろ自分の文章を気にいってくれる人たちこそ感嘆に値すると考えていた、とあなたは言います。そして、わたしのことをおおいに褒めてくれていますが、あなたはとても心のひろい方です。

『火夫』を翻訳するわたしこそ称賛されるべきで、わたしこそひろい心の持ち主だと言うのですから。でも、じつは、わたしはそんなふうには考えていません。こういう作品をつくり出して、読者に与えてくれるあなたこそ豊かな心の持ち主で、それがどんなに苦しいことか、わたしにはわかっているからです。ただし、あなたはそうすることを強要されているわけではないのだから、同情されるいわれもないと言えるでしょうが……。それはそうとして、感嘆すべきなのはそれを書いたあなたではなく――あなたには書かないという選択肢はなかったでしょうから――、翻訳したわたしでもなく、わたしたちのあいだに生じたもの――わたしたちを夢中にさせて、わたしたちふたりをつくりだしたものでしょう。とはいっても、わたしたちふたりのあいだだけではなく、あなたの作品と、あなたを理解し、あなたを受けいれ、あなたを取り入れて、あなたやあなたのアイディアやスタイルや息づかいを支持するすべての読者のあいだで生じたものですが……。すばらしいのはわたしたちが生み出しているこのもの、わたしたちがつくりあげたこの世界なのです。あなたと、あなたの作品と、わたしのなかのそれに生命を与えたもの、わたしのなかのあなたなのです。

ミレナミレナミレナ

一九二〇年五月十八日、ウィーン

親愛なるフランツK、

お元気ならいいのですが。あなたのことが気にかかります。あなたの不眠症が。よくなられたら、すぐに知らせてください。わたしの想いを通じてやさしい励ましの流れを送ります。

不眠のせいで「好意的なことはなにひとつ」考えられないということですが、この「好意的なこと」というのはどういう意味でしょう? どんな種類の好意なのですか? わたしのことを考えてのことでしょうか? あなたはわたしを困惑させるばかりです。あなたの渦巻はわたしを戸惑わせ、わたしはその意味を知ろうとして何時間も費やしてしまいます。わたしに対するどんな悪意がありうるでしょう? あなたがそんなものをもつことがありうるのでしょうか? わたしは最大限の好意をもっているのですから、あなたもわたしに対しては好意をもっていいはずです。あなたにはわたしを怖れる理由はひとつもないし、わたしは一瞬でもあなたの意図を怖れることはありません。あなたは善良なひとで、心の底から善良なひとで、わたしにはすぐにそれがわかりました。こんなふうに手紙をやりとりして、おなじ文章のなかで、おなじ物語のなかで緊密な関係を生きていれば、わたしがごく単純に愛と呼ぶ感情が生まれるのは自然なことです。わたし自身は、こうして文通しているのはあなたを愛しているからなのを知っています。そういうこと、そういうものなのです。それこそ、あなたが聞いていないときに、わたしが言っていることです。

あなたが発表したものはすべて翻訳したいと思っています。わたしはあなたのものはすべて、なにもかもすべて読みたいし、あなたのすべてを知りたいのです。しかも、いますぐに。あなたの作品のためにこの身を捧げさせてください。

ミレナ

一九二〇年五月二十日、ウィーン

お願いですから、フランK、はっきり言ってください。控えめな言い方や、婉曲な言いまわし、遠回しな言い方の背後に身を隠さないでください。わたしはあなたの言葉の意味を理解しようとして悪戦苦闘しています。あなたはほんとうのことをすべて言おうとはなさらない。でも、あなたには善意しかなく、人生は短いのですから、ほんとうにやりたいことをすぐにやるべきです。わたしと話をする必要があるのなら、来てください！　お互いに言葉には気をつけましょう。かえって本心が見えなくなってしまうことがあるからです。現実は言葉から切り離されたかたちで存在します。それが人生であり、それは絶えず動いているのです。言葉によってつくりだされる見せかけの世界を警戒しましょう。わたしは言葉を熱烈に愛していますが、言葉は現実ではありません。せいぜい現実をつくりだす手助けをしてくれるだけです。現実は自由です。あなたもそうなのだと思いますが。

あなたがわたしに言おうとしている、じつに多くのはっきりとしないことを、わたしはあなたの口から聞きたい。わたしにはあなたの声が必要なのです。わたしもやはりそういう〝心の底からの感情〟を抱いています。これがわたしの誤解でなければいいのですが。あなたを翻訳しているとき、わたしは自分があなたの分身であるかのように、あなたを完璧に理解していると感じることもありますが、ときには、怖ろしいことに、あなたをすこしも知らないような気がすることもあります。わたしたちは実際にはほんのすれ違ったことがあるだけで――わたしもあなたのシルエットや、ちょっとした身のこなし、カップを口にもっていく手つきなどを覚えているだけなのです。わたしは長いあいだあなたをひそかに観察していました。エルンストはよくフランツ・カフカのことを話してくれ、わたしはあなたのことを何度となく考えたものでした。あなたに話したいことがたくさんあったのです。けれども、あなたが虫みたいに這いつくばると言うのなら、わたしは――何時間かのあいだは――落ち着いた気分になって、あなたの文章、あなたの言葉――見かけはドイツ語だけれど、単純でありながら不思議な、間違いなく独特な――いつだって馴染み深いと同時に奇妙な――言葉のなかにもぐり込むでしょう。

あなたのことを心配するわたしは変わっている、とあなたは言うけれど、生活がむずかしいほどの不眠に悩まされている病弱なあなたのことをどうして思わずにいられるでしょう？　わたしも不眠がどういうことかよく知っているので、当然ながらあなたの身になって考えてしまうのです。できることなら、あなたのもとに駆けつけたいけれど、ご存じのように、それは不可能です。わたしの生活はここにあるからです。たとえここがわたしを必要とはしていなくても。わたしが姿を消したとしても……人がそれに気づくのかどうかわからないけれど。でも、生きていきたいと思うなら、わたしにとって大切なのは書くことです。そして、あなたを翻訳することもわたしがこの世でいちばんやりたいことのひとつです。わたしの連載記事にはなんの価値もありません。人々に届ける価値があるのはあなたの文章であり、あなたの存在なのです。たとえあなたが冷たくあしらわれるとしても、わたしはあなたがこどもたちや「子熊みたいに逞《たくま》しい」こどもに囲まれているところを想像するのが好きです。あなたは不要な存在ではありません。人々はあなたを動揺させて面白がっているのです。あなたは彼らに話そうとはしない。彼らにとっては、あなたが熊なのです。こどもたちは行動しながら話します。こどもたちの体が話すのです。そうでしょう？　虫とトカゲの話はとてもすてきです。わたしはあなたの眼差しが、とても感じやすく、とても憐れみ深く、とてもやさしいあなたの心が好きなのです。

あなたのミレナ

一九二〇年五月二十七日、ウィーン

そうです、おたがいの手紙を読んでいるとき、わたしたちは怖ろしいほどの結びつきを、怖ろしいほどいっしょにいるのを感じています。わたしはあなたを評価するというよりは、ただ自分が感じていることを言いたいだけなのです。ここ、ウィーンの周囲の人たちに対してもそうですが、わたしは愛すると同時に批判的な目で見ることもできるのです。

あなたが、
「わたしの部屋のなかに？」
それはわかりません。

「あなたの心の底の感情」は無言だ、とあなたは言います。あなたが警戒してお行儀よくしていなければならないのはわかります。それができるなら、わたしはあなたに会いにいきます。わたしを待っていてと言いたいのです。でも、そうは言えません。いきなりすべてをひっくり返すことはできないからです。それに、わたしがそばにいることがあなたにとっていいことなのかどうかわかりません。あなたがたの婚約は解消されるんですね。肉体的な存在はあなたを満たしてくれる言葉のそれとはまったく別ものです。一日中わたしといっしょにいた、とあなたは言います。それはとてもすてきなことです。「一日中、本物よりもっと本物らしいミレナが部屋に、バルコニーに、雲のあいだにいた」とあなたは言います。それは本当でしょうし、すばらしいことだけれど、間違いです。あなたに届く手紙のなかのわたしこそいちばん完全に近いわたしだし、本物のミレナなのです。けれど、ここで手紙を書いているわたしもやはり本物です。あなたにそのミレナを知ってもらわなければなりません。わたしはわたしたちのやりとりの語調《トーン》が、真摯さが、透明さがとても気にいっています。これはふたりの人間のあいだでは稀《まれ》なことでしょう。わたしたちはたがいに相手のなかに自分の姿を認めたのだと思います。

　あなたは婚約者に対して罪悪感を抱いています……それはわたしにも理解できます。けれども、愛がなければなにもできないことを彼女もいずれ理解してくれるでしょう。それはそういうものだし、わたしたちにはどうしようもないことですから。あなたが小舟のなかに横たわって橋の下を通ったとき、勤め先の同僚があなたを死人だと思ったという話を聞いて、わたしはいくつかのことを感じました。ふたつか三つのことを。ぼんやりとですが。ひとつは、他人の目をあまり気にしすぎるべきではないということ、きびしい視線は害になることがあるということです。わたしは自分が愛し、自分を愛してくれる人たちの意見しか気にしません。ざっくばらんに、恥ずかしげもなく言わせてもらえば——というのも、わたしはあなたに対しては恥ずかしさを感じないし、それを隠したくもないからですが——、あなたの意見はわたしには重荷にはなりません。あなたの意見は真摯な、心の底からの意見で、あなたはわたしをとてもよく——もしかすると、わたし自身よりもよく——知っていると感じるからです。それから、ふたつめは地獄という存在、小舟や川の横断、死後の世界についての考えです。わたしはあなたの——あえて言わせてもらえば——痩せ方が好きです。余分なもののない体だからです——わたしは太鼓腹やぶくぶく肥った体形が大嫌いです。男のひとたちはまるで食料不足を怖れるかのように肥っていきますが、あなたには余計な部分はありません（とはいっても、食べるのを控えたりしないでくださいね。体力は必要ですから）。わたしはあなたのシルエットが好きだし、生と死の狭間にいるようなあなたのあり方が好きです——そう、わたしにはあなたの骨格が見えるのです。そう、たしかに、あなたは自分の消滅を準備しているのでしょう——わたしはあなたにキスをしている夢を見ましたが、唇にあなたの顎《あご》の骨を感じました——奇妙な感触でした——それこそあなた独特のキスの仕方でした——もちろん、わたしはすこし不安になりましたが。でも、崖っぷちに立っているあなたのその佇まいこそ、あなたの物語をとても濃密で、とても重要で、とても意味のあるものにしているのです。わたしはあなたを翻訳しなければなりません。全世界があなたを読む必要があるのです。あなたの手もとにあるすべてが出版されるようにする必要があります。

『論壇《トリブナ》』〔プラハのリベラルな週刊新聞〕紙に掲載されたわたしの記事をふたつ送ります。

去年の暮れに、暖を取る薪もなく、干からびたパンしかなかった年末休暇のあいだに、『ウィーン』〔『トリブナ』紙の一九一九年十二月二十日号に掲載〕というタイトルの記事を書きました。わたしはずっとベッドのなかにいたのですが、ウィーンはすっかり狂ってしまったかのようで、背中をまるめた惨めな人たちと楽しみや贅沢に飢えた新興富裕層の人たちで溢れかえっていました。貧しい人たちがあんなに寒さに震えたことはなかったし、金持ちがあんなに面白おかしく過ごしたこともなかったでしょう。バーも、キャバレーも、劇場もあふれんばかりで、闇市はかつてなかったほど繁盛していました。わたしの『シネマ』という記事も送ります。わたしはよく映画に行きます。生活に耐えるよすがになるこの光輝く亡霊に魅了されるのです……。

もう眠らなければならないので、今夜はこれくらいにしておきます。きょう、チェコ語を教えるための学校をふたつ見つけました。ひとつは生徒が五十人、もうひとつは二百人です。仕事があることになるわけです！

あなたのM

一九二〇年五月三十日、ウィーン

フランツK、

わたしの文章についてあなたが言っていること、幸せな小道、それをたどっていくと、やがて自分自身の迷路にさまよいこむということ、これはわたしがあなたの手紙を読むときに感じることとぴったり一致します。わたしたちは似た者同士なのでしょうか？　それはとても甘美で、とても好ましくて、怖ろしくもあります。なぜなら、わたしたちはけっしてほんとうにいっしょになることはないのかもしれないからです。本物のミレナはウィーンで四苦八苦して、なんとか辻褄を合わせながら、つましい生活をしているのですから。

わたしはなによりもあなたの偏ったところが好きです。それがわたしを褒めそやす口実になるから――そう、わたしは勇猛果敢で、やさしいし、褒め言葉を容易に受けいれます――というよりも、むしろ面白いのはあなたのそういう偏ったところで、それがあなたのオリジナリティであり、そういう際立った物の見方があなたにほかのだれにも真似のできないものを書かせるのだと思うからです。そうでなければ、何になるというのでしょう？　わたしはどれも似たり寄ったりの作家の本を読んで喜んでいる人たちをたくさん知っています。そういう人たちは、わたしみたいに、あなたと巡り合って（わたしの言葉があなたの言葉と巡り合い、わたしの心があなたの心と巡り合って）、対話をはじめ、新しい――と同時に、自分の心の奥底の迷路と完璧に一致する――世界を発見するという幸運に恵まれなかったのです。わたしたちがたがいに相手のもとを訪れるのは、わたしたちの言葉を通してなのです。

ミレナ

追伸1
あなたはわたしの夫を「信頼できて、冷静で、理解力があって、包容力がある」と褒めていますね。そして、彼やわたしの親友のスタシャの言うとおりだと思うし、じつは、心の底では、彼女のほうがもっと正しいと思っていると。スタシャはわたしの幼馴染みで、わたしの親友で、わたしの守護天使なので、わたしも彼女の正しさを認め、彼女の言うことには良識として耳を傾けようと思っています。

わたしは
あなたの
ミレナです

追伸2
あなたはユダヤ人ですか?

追伸3
ウィーンにわたしに会いにきて!

一九二〇年六月一日、ウィーン

フランツK、

日はまだ出ていないけれど、あなたへの想いで目が覚めました。ベッドから出る前に、わたしに手紙をくれることがどんなに大きな贈り物になっているかをあなたに伝えなければならないと思いました。手紙を読んでいるあいだはもちろん、その前にも、そのあとにも、わたしは心の底からあなたといっしょにいます。そして、あなたの言葉を、あなたの文章を翻訳しているあいだはずっと、果てしない迷宮のなかにいるのです。そう、そうなのです。その暗さにもかかわらず、わたしはそれが好きなのです。そして、ときおりそうするかもしれないとわたしを脅すように、あなたが自分の存在を消してしまおうなどという考えを起こさないように祈っています。あなたがなぜウィーンに来ようとしないのか、わたしはいまでもわからないし、受けいれられません。

いずれにしても、はっきりしているのは——わたしはときおり当たり前のことを指摘するのが好きなのです。それがあるべき場所にあり、わたしにとって大切であるかぎり、わたしは月並みさを怖れたりはしません――あなたがいろいろな物語を書き、それが読まれ、わたしがそれを翻訳したからには、それは存在するのだということ、あなたの外に、たとえあなたの意に反してであるとしても、存在するのだということです。たとえ燃やしてしまっても、それはわたしたちの迷宮の奥に存在しつづけるでしょう。あなたは消えてしまうことはできないのです。あまりにも強烈に存在しているからです。

あなたがわたし宛に書いて、発送する前に破り捨てる手紙でさえ、存在しないとは言いきれないでしょう。

わたしの言いたいことは以上です。あとはお好きにしてください。もう起きなくては。

＊

フランク、たったいま三十日日曜日付の手紙を受け取ったので、けさ書いたものを出しにいく前にお答えします。あなたが説明してくれたので、いまではユダヤ人の不安をもっとよく理解できます。この地上のどこにも身を落ち着けられる――祖先の記憶を愛《いつく》しむことができる――場所をもたず、それを求めて、いつまでもどこまでも彷徨《さまよ》いつづけること。そういう根の深いアイデンティティが失われていくままに任せるべきなのか、それとも、反対に、それを追い求めるべきなのか。どちらにしても、それがどんなにむずかしく、どんなに疲れることかわかります。あなたは自分は孤独だと言います。だれもがそうであるように、あなたはひとりだし、だれもがそうであるように、ひとりではありません。それは母を失って以来わたしがしばしば感じる焼けるような想いです。叫びたくなるほどの不公平。わたしは見捨てられたように感じたのです。本質的な孤独は生まれたときから、わたしたちを包んでいる温かい体を離れたときからはじまるのだと思います。それに反して、肥った人についてあなたが言っていることはまったく理解できません——アザラシが寒さから守られているように、彼らは脂肪の層によって狂気から守られているなどということは。脂肪や分厚い皮膚を夢見ているなんてお笑いぐさです、わたしの愛しい痩せっぽちさん、わたしのきれいな痩せっぽちさん。肥った人だって寒さを感じるのですよ。わたしは神経と骨、筋肉と腱が機械みたいに組み上げられた、無駄なところはすこしもない筋肉質の体のほうが好きです。それがいやなら、肥るのはとても簡単です。運動を、体を動かすことをいっさいやめればいいのですから。もちろん、そんなことは不可能だけど。わたしは精神は肉体に宿っていると信じています。精神と肉体を切り離すことが不可能なように。卵の白身と黄身みたいに、心臓が感情のある場所だと言われるのは、理由のないことではないでしょう。手紙のなかのあなたの筆跡を目にすると、わたしの心臓はドキンと跳びはねますが、あなたもおなじように感じるのでしょうか？　この手紙にしても、今夜寝るときにもう一度読み返すと、わたしの体の緊張がゆるんで眠れるようになるまでに何時間もかかることをご存じかしら？　そして、手紙がなくても、わたしたちを、あなたとわたしをほとんど常に結びつけている緊張感をあなたも感じているのでしょうか？　わたしたちが想いと呼んでいるものは、ひとりをもうひとりに結びつけている電流みたいなもの、わたしたちが分かち持つ息吹《いぶき》のようなものでしょう。わたしはときどき自分には理解できない強烈な力にギュッと鷲づかみにされているのを感じます。それはあなたなのかもしれないし、愛なのか、神なのか、信仰なのか、わたしにはわかりませんが、まるで麻薬が効いているかのように強烈なのです。わたしはただ呆然として、自分でも自分がいないかのようで、どこか別のところにいる、別の存在のなかにいる〝他者〟に取り憑かれて固まっているのです。

あなたがウィーンに来てほしいのです。わたしは何度でもそう言います。あなたの言いわけは聞きたくないし、あなたが来ない理由が正しいのかどうかも知りたくありません。あなたはそのうちわたしを怒らせてしまうでしょう。わたしを怒らせるのはとてもむずかしいのに。不正直だったり、臆病だったりしないかぎり、そんなことはありえないのに。特別に強情な態度をとってわたしを苛立たせようとして失敗した生徒がどのくらいいるかを知っていたら、あなたは自分がけっしてわたしを苛立たせるほど鈍かったり、弱かったり、逃げ腰だったりするはずがないことがわかるでしょう。わたしがあなたを嫌いになるようにすることはけっしてできないでしょう。絶対に。あなたに会いたい、あなたと話したい、あなたが欲しいというわたしの激しい欲求を多少は鎮めるためにも、いろいろお話をつづけてください。そうやって来るのを先延ばしにしてください。

あなたの永遠に変わることのないM

追伸

手紙が一通迷子になったような気がします。女の、裁判官の、読者の、翻訳者の、ミレナの、男より丈夫にできている女の心配事です！

一九二〇年六月二日、ウィーン

親愛なる博士、

けさはあなたの手紙がないのがさびしい。だんだん少なくなっているので、わたしは日にちをかぞえています。あなたのせいなのか、それとも郵便局のせいなのか？　体の調子はいかがですか？　疲れすぎているのでしょうか？

それとも、わたしを忘れてしまったのか？　それは無理もないことですが。

けさは、なんだか訳がわからなくなって、あれこれ想像してしまいます。

出かけなければならないので、ここまでにしておきます。

*

郵便局から息が切れるまで走ってきました。ベッドに腰をおろして、ひとりきりで、ちゃんと落ち着いた気持ちで、あなたの手紙を読むために。思いがけないことに、手紙が二通も。ほっとしました。あなたが話しかけてくれなくなると、わたしはどうかしてしまいます。頭のなかがこんがらがって、ばかげたことを想像したりするのです。あなたに見捨てられるのが怖いのです。でも、手紙を一通手にすれば、すぐにまた信頼感が戻ってきます。

けれども、ようやくあなたの手紙を読むと、それは悪い知らせでした。あなたは来ない。ウィーン経由で帰るのは簡単なことなのに、あなたは急行で直接プラハに戻ってしまうのです。

わたしがどんなに説教しても、あなたはひどく強情な生徒で、わたしはほんとうにがっかりしています。あなたはもう愛していない婚約者や、とんでもない両親を抱えこんでいながら、旅の途中でわたしと会おうとすらしてくれない。わたしもあなたの両親みたいに横暴にならなければならないのでしょうか？　コーヒーと長椅子を用意して、紙の上よりもっと打ち解けておしゃべりができたでしょうに。肉体の存在はかならずしも言葉のそれより強烈ではありません——とりわけあなたのような作家にとっては。でも、わたしがいくら言っても無駄なのでしょう。あなたの頑固さと比べものになるのはあなたの才能とたぶんあなたの狂気くらいのもので、わたしはそれを愛する覚悟をしなくてはならないのでしょう——わたしはそれでもそれを愛しているし、あなたが安らかな気持ちでいてほしいと願っているのですが。そうです、わたしはあなたより若いし、抵抗力もあるし、あなたとはとても違います。それに、わたしはユダヤ人ではないし、それはとても大きな違いでしょう。わたしは毎日のように東からやってくるあなたとおなじ宗教の人たちがどんなふうに扱われているか知っています。わたしはあなたの病気のお世話をすることもできるはずだけれど、わたしがそばにいればあなたを昂ぶらせてしまうこともわかっています。それでも、肉体的な接近が気持ちを鎮めることもあり、わたしたちのあいだではそんなふうにできるのではないかとも思うのです。あなたは横になる必要があるかもしれませんが、それは他界から生へ移行するため、ほんとうに生まれるためなのです！　あなたはまだあなた自身にとって生まれていないのかもしれなくて、あなたはそれが怖いのかもしれません。

わたしがエルンストと恋に落ちたとき、それは非常に強烈な体験で、わたしは自分自身から引き剝がされて、自分がたちまちのうちに衝撃的なほど変身するのがわかりました。まるでそのとき初めてこの世に出てきたかのように、自分が生まれるのを感じたのです。わたしは別人に、もっと自分自身らしい存在になりました。でも、そのためにはある程度他人に自分を委ねることを、身を任せることを受けいれなければなりません。

あなたとカールスバート〔チェコの温泉保養地〕で会いたいと言ってきたユーリエ[*4]からの電報を見て、わたしはあなたと同様にいろんな行動の仕方があると感じました。ウィーン経由のあらゆる旅程《ルート》、燃えるようなあらゆるシナリオを——あなたの存在はわたしには身を灼《や》かれると同時に冷やしてくれるものでもあります。わたしにも、わたしたちの意に反して、わたしたちの頭上で、わたしたちの心の底で企まれているすべてが聞こえます。わたしたちの言葉がすでに語り、約束したすべて。それがわたしたちが意識しているものをはるかに超えて突き進んでいくのです。わたしたちの言葉はすでに愛し合っているのです。

ウィーンのミレナ

＊

親愛なるフランク、きょうは最後にもうひと言言わずにはいられません。日は沈みかけ、小鳥たちはさえずり、わたしはキッチンのテーブルで、窓をあけたままあなたに書いています。この午後、風は心地好く、あなたに読ませてもいいのかどうか、わたしはまだ迷っています。あなたを怖がらせてしまうのではないかしら……ああ、でも、もう賽は投げられたのだから、あなたを怯《おび》えさせることになったら、残念だけど、それでいいのかもしれないし。これはわたしが心の底からあなたに呼びかけた言葉です。いろんな言葉を走り書きしたわたしの日記を書き写します。

ああ！　きょうはなんという猛烈な暑さ。いきなり夏がやってきた。あなたに会えないのがまたもや苦しい。わたしはあなたの言葉を読みながら、あなたの眼差しが自分にそそがれるのを待ち焦がれている。深い理解。でも、わたしが欲しいのはもっと別のもの。冷たい、透明な水が欲しい。滔々と流れる川が、わたしの火を鎮めてくれる奔流が欲しい。わたしはあなたが欲しい。※あなたが欲しい。あなたの目が、あなたの世界が欲しいのだ。でも、そうはできない。わたしはおかしくなってしまうだろう。流れ星みたいに。

わたしにはそういう危険がある。

わたしはあなたを怖がらせたくない。

あなたにはなにも約束できない。

わたしはこんなに小さいのだから。

それに、もしかすると、これは言葉にすぎないのかもしれない。

もしかすると、あなたはわたしをからかっているのかもしれない。わたしをからかわないで。

もしかすると、わたしの言葉はあなたの心を動かしているのかもしれない。でも、どのくらい。

わたしは測りたくない。

わたしは待つ。心の底から待っている。あなたの言葉を待ち望んでいる。言葉のやりとりを。きょうにも水門がひらいて、わたしの庭が潤されるのを。

わたしは庭。わたしは青葉が生い茂る庭。

灼熱の太陽が照りつけてはいるけれど、わたしは樹液に満ちあふれている。

ミレナ

※訳註：ここで相手に対する呼びかけがそれまでの敬称（フランス語ではvous、ドイツ語ではSie、チェコ語ではvy《ヴィ》）から親称（フランス語ではtu、ドイツ語ではdu、チェコ語ではty《ティ》）に変わる。これは一般的にはふたりの関係が〈知人→親しい友人〉または〈友人→恋人〉に変化していくことを象徴する変化で、和訳では、男から女への呼びかけの場合には〈あなた→きみ〉と訳し分けたりするが、女から男への場合はそれに対応する呼びかけがないので、残念ながら、書き手の心境の変化は文章の全体的な雰囲気から推測していただくしかないことになる。

あなたはアルコールや麻薬の作用は知らないでしょう。あなたはどんな薬も拒否し、肺の吸入療法さえ拒否しているのだから。でも、わたしが麻薬中毒者みたいに愛しているのだということがわかるでしょうか？　あなたの手紙は麻薬です。一通の手紙が麻薬の一服、とてつもない、気がふれるような快楽で、自己を忘れ、融解して、無意識のうちにコカインをやったようにふわふわ漂う超能力を与えてくれるのです。十六歳のとき、友だちのスタシャ[*5]といっしょにコカインを試したことがありました。医師という父の仕事がわたしには好都合で、薬棚には麻薬がいくらでもあったし、わたしはあまり品行方正な娘ではなかったのです。わたしはあなたの手紙を読みます。あなたを飲み干すかのように読むと、わたしの血に麻薬がまわって、恍惚状態になるのです。

それから、その作用がしだいに薄れると、迷いが、疑念が頭をもたげ、あなたがどこで何をしているのか、だれといっしょなのかを知る苦しみがはじまります。そのほうがわたしといるよりもいいのか、なぜなにも言ってこないのか。すると、禁断症状があらわれ、目は落ちくぼみ、禁断症状がさらに進んで、また麻薬が欲しくなり、それを待ち焦がれ、それしか考えられなくなるけれど、いつもそれはなかなかやってこない。こちらから要求しないで済むようにしたいけれど、そうも言っていられないので、わたしから手紙を書くことになります。ときには、禁断症状が出る前に手紙が届くこともあり、それは奇跡みたいにすばらしいのですが、そうなるとその次はもっとすぐに手紙をもらわなければならなくなり、わたしは時間を計るようになって、もっと強力な、ますます強力な麻薬が必要になるのです。
ここまでにして、ペンを置き、封筒に封をして、あなたのそばで眠るようなつもりで寝にいきます。

ミレナ

一九二〇年六月三日、ウィーン

FK、
活力のない、疲れきった季節のはじまりです。日は長くなり、夜は短くなって、あまり眠れず、光が溢れかえっています。わたしはあなたの暗闇が欲しい。
なぜ手紙を書こうとしないのか、とあなたは言います。郵便配達夫の責任ではありません。わたしに時間がないのは確かです。授業もあり、もちろんあなたの迷宮の翻訳もあるからですが、それでもわたしをじりじりと灼く火を鎮めるほどではありません。わたしの夜はあなたの不眠で満たされ、わたしの不眠はあなたで満たされています。手紙は書いているし、わたしの机の抽《ひ》き出しのなかにたまっていますが、そのままにしてあります。それがあなたの神経に与える影響が怖いのです。すこしも悪意はないのですが。

M
J

一九二〇年六月六日、ウィーン

フランツK、

どうしようもないんです。わたしはあなたの沈黙が憎いし、あなたとの距離が憎らしい。あなたが婚約しているのが憎いし、自分が結婚しているのが憎い。わたしがここにいて、あなたが向こうにいるのが憎い。日曜日が憎たらしいし、自分が手紙を書いているこのがらんとしただだっ広いアパート――これがわたしの孤独を、わたしの愚かさを、わたしの無用さを、わたしの人生のインチキさのすべてを喚《わめ》き立てる――が憎い。わたしはここでは――いえ、ほかの場所でも、どこでも、永遠に――よそ者なのです。あなたがどうしてそんなに心静かにしていられるのか、わたしにはわかりません。

あなたの沈黙が長引くと、わたしは書くことができなくなる。あなたを失うのが怖いのです。あなたはどこでそんな自信を見つけたのですか、労働者傷害保険協会〔半官半民機関で、カフカの勤務先（一九〇八―一九二二）。カフカは書記官を経て、秘書官主任まで昇進した〕の法律専門家殿。わたしはいまの自分が、自分の生活が嫌いです。わたしはここにはいないし、あなたのところにもいないし、自分自身に忠実でもありません。わたしの体はあなたといっしょになるべきなのです。わたしの心はもう底の底まであなたといっしょなのだから。わたしがここで孤独であればあるほど、わたしはあなたといっしょになります。そうやってわたしは引き裂かれ、灼かれ、愚かで、悲惨なままなのです。

*

愛しい人、もうすぐ夜中の十二時です。わたしは目を閉じ、ようやくひとりになったわたしをあなたが迎えにくるでしょう。夜は生暖かく、日は山並みの背後に隠れて、空は淫らなやさしさに満ちた薔薇色に染まっています。わたしはあなたのところに行きます。糸が伸びて、おそろしく太くなり、ヴルタヴァ川〔エルベ川の支流で、チェコの首都プラハを貫流する。ドイツ名はモルダウ川〕の岸辺の生ぬるい風のなかをあなたが歩いている姿が目に浮かびます。川の流れる音、草と土の匂い、退却する昼の光に逆らうような暑さ。でも、なぜわたしはあなたのそばにいないのでしょう？　あなたのそばを歩きたいのに。あなたのすぐ近くを歩くだけ、あなたのリズムで歩くだけでも、とろけるような気持ちになるでしょうに。とても疲れるほどゆっくりと、けだるいほどゆったりと。

おやすみなさい、
ミレナ

一九二〇年六月七日、ウィーン

四日金曜日の手紙を受け取りました。いいえ、あなたの言うことはまったく理解できません。それでも、わたしはあなたに従って、ここに留まります。けれども、わたしがいなくても寂しくないと言われると、おそろしく胸が痛みます。いいえ、紙切れ一枚と少しのインクで、言葉だけで十分だなんて、あなたはそれで満たされるなんて、わたしには理解できません。言葉は現実の存在ではありません。それはおとりにすぎないのです。わたしがいるのはここで、メランではありません。わたしを無視し侮辱する夫の傍《かたわ》らです。わたしがほんとうにひとりぼっちなのはここ、わたしの心臓が鼓動し、血が流れているのはここなのです。それなのに、あなたは待つことばかり考えている。

たしかにユダヤ人はむかしからずっと救世主を待っています。あなたがたはわたしたちクリスチャンみたいに救世主に手でふれたことはなく、待つことが長い人間の歴史の一部になっているのかもしれません。

でも、現実の存在がどういうものか、あなたは知っているのでしょうか？ わたしはときどき信じられなくなります。本心を言ってしまいますが——というのも、あなたがいないのがわたしにはあまりにも辛いので——あなたが婚約を解消した理由がなんだかわかりかけているような気がするのです。あなたが現実の存在と呼んでいるのは観念の、想像上の、頭で考えた人間の存在だと思います。けれども、肉体が——その緊急性が——やむにやまれぬ欲求がどういうものかをあなたは知らないのです。わたしはバラバラになり、わたしはひとり、ここで、あなたから遠く離れていることにもう耐えられません。わたしはあなたがあなたであることを受けいれるのです。そして、たぶん、不本意ながら、そういうところも好きなのだと思います。あなたは賢者なのかもしれません。あなたはなんでも知っているのだから、それもわかっているにちがいありません。世界についてのあなたの知識はこの地球上のすべての住人のそれの一万倍はあるのですから。もしかすると、あなたの欲望でさえわたしのそれより強烈なのかもしれません。もしかすると、あなたはわたしに会うことに耐えられずに、心臓が止まってしまうかもしれません。なぜなら、もちろん、わたしたちはけっしていっしょになることはないだろうし、たとえそうなることがあるとしても——わたしにはすでにそういう経験があるのです。とても若いけれど、あなたよりずっといろんなことを経験してきているので――わたしたちはたがいに見知らぬ人間同士と感じるだろうし――それはわたしにはわかっています――、肉体がたがいに馴染んで、たがいを学び合い、愛し合うまでには時間がかかるでしょう。いまのところ、わたしたちは心だけですが、愛は全体でしかありえないのです。体と心と。わたしにはわかっています。だからこそあなたは賢者なのかもしれないということ、わたしたちの体が離れればなれになれば、ふたたび孤独が募って、一瞬それが消えただけにますます痛切なものになるだろうということも。わたしはもうあなたに手紙を書かないほうがいいのかもしれません。こんなに近くにいるのに、あまりにも遠く、近づきがたいことをわかっているのはひどく苦しいことですから。あなたにとっても、わたしにとっても、八つ裂きにされているようなものなのだから。

さようなら、
ミレナ・イェセンスカー

追伸
ウィーン、ベンノガッセの郵便私書箱、マダム・クラマー〔郵便上でのミレナの偽名〕宛にこれからも手紙を書いてください。

一九二〇年六月八日、ウィーン

フランツK、

けさ、目を覚ましたとき、わたしのなかを長々と深い悲しみが貫いていくのを感じました――あなたを失うかもしれないという不安からでしょうか？　わたしたちはけっしていっしょにはなれないだろうという予感からでしょうか？　空は灰色で、重苦しく、風はべとべとしていました。ウィーンは生ぬるい湿気の大鍋でした。

あなたはわたしを待ってくれていると思います。そう思いたいのです。けれども、わたしは弱く、不安です。あなたといっしょになる方法を見つけられません。それで、あなたに忘れられてしまうのが怖いのです。そうなったら、わたしは生きていられないでしょう。たとえ自分では自由になりたいと思っていても、わたしには結婚という枠があります。でも、もうここでは生きていかれないのです。ただ、あなたといっしょになるのが不可能だということもわかっています。わたしはあなたを怖がらせているからです。わたしの結婚生活は欺瞞であり、大嘘です。わたしはなんの役にも立っていません。あなたにも、彼にも、わたし自身にも。わたしは病気になるしかないでしょう。わたしは苦しみを引きずって死んでいき、全世界がそれを嘲笑することになるでしょう。

＊

さいわいにも、きょう、あなたの五日土曜日付の手紙を受け取り、またあなたのことが理解できるようになりました。わたしはあなたと似た者同士で、孤独や苦しさや不安を知っています。ただ、わたしの不安は単純で、あなたを失うのが怖いからあなたを愛するのが怖いのです。わたしはエルンストを愛して、彼を失いかけています。わたしがどんな屈辱を被り、彼がどんなふうにわたしをなおざりにして、もっときれいで、尻軽で、ひどい低能でさえある女と取り替えようとしているかはすでにお話ししたとおりです。たぶん彼はそんなふうにするのが好きなのでしょう。わたしをモノにする必要があったのは、自己満足のためで、わたしは狩りの戦利品だったのですが、いまとなっては何の価値もないのです。せいぜい車輪の外れた古い荷車みたいなものなのでしょう。

あなたはわたしの夫とわたしを滑稽なふたりだと見てとって、エルンストの味方をしています。こんなに性悪な人はいないというのに。あなたはまるでなんとしてもわたしたちの結婚生活を救おうとしているかのようです。わたしは地獄のような生活をしているのに、あなたはあらゆる観点からその状況を綿密に検討して、事故のリスクを低減しようとします。でも、あなたにできるのは報告書を、保険のための報告書をつくることだけです。わたしの望みはあなたが揺るぎなく存在することをわたしに請け合ってくれることです。わたしは現実の状況のなかにいるのです。リスクを冒すのはもはや怖くはありません。

わたしはあまりにも擦りきれ、空っぽになっているので、消え去ってしまいたいと思うくらいです。あなたの傍らで死ねれば、そう、たぶん、あなたが言うように、それは気持ちがいいでしょう。あなたが愛するのを怖がるのも正しいのでしょう。愛はしばしば破滅につながり、相手が愛してくれなければ、自分が消え去るしかないのですから。ここでは、わたしはもはや何者でもなく、存在しないも同然です。この世界でわたしが生きていることを知っているのはあなただけです。わたしの記事や翻訳があなたの心を動かし、そういうものをあなたが理解してくれるのはとてもうれしいことです。

愛するのがどういうことで、悪い愛し方をされるのがどういうことかをわたしは知っています。わたしはあなたを悪い愛し方で愛したくない。もしかすると、あなたに手紙を書くのをやめるべきなのかもしれません。あなたを苦しませたくはないからです。でも、それと同時に、あなたのなかに住んでいるとても深くて強烈な人間を見てとれるのはわたししかいないとも感じていて、わたしはどうしてもその人間を愛し、救いたいと思っているのです。

ただ、わたしはあなたの言うことには賛成できません。二ページの文章より二時間の現実の人生のほうがほんとうにずっと価値があるのです。

それにもかかわらず　ミレナ

＊

今夜は、長い夜のなかにいるあなたを想像しています。あなたの風景のなかに入っていって、あなたの文章の行間にもぐり込み、物言わぬあなたの夜になりたいのです。

ミレナ・クラマーからフランツ・カフカへ

一九二〇年六月九日、ウィーン

さあ、目が覚めました。それで、フランク、すぐにフランク、一日がはじまって、世間がわたしたちの世界を侵食しはじめる前に、フランクに手紙を書きましょう。掃除をしてくれる管理人のマダム・コーラー〔ミレナが住むウィーンのアパートの管理人・世話係〕がわたしのスペースに侵入してくる前に。彼女は郵便物も持ってきてくれるのだけど。

フランク、きのうの夜は、なかなか眠れなくて――あなたのことを考えていると、頭がはっきりしすぎるのです――アパートの空気もひどく鬱陶しかったので、わたしは外に出かけました。運動と新鮮な空気が必要だったのです。気分を落ち着かせるには歩くしか、体を動かすしかありませんでした。人気《ひとけ》のない通りを歩いていると、いつの間にか墓地に出ました。至るところでバラが花をひらき、あまい香り、様々な色彩、ビロードのような花びらがなんだか淫らなくらいあふれ出んばかりでした。棘《とげ》がなければ、茂みのなかを転げまわりたいくらいでした。でも、わたしは分別のある娘なので、花を摘んで、花束をつくるだけにしました。とても大きな花束を(夜には大胆になれるのです)。暗闇のなかをちょっと行き当たりばったりに、それでも多少は警戒しながら歩いていくと、生きものの気配が、地面をゴソゴソ這いまわる物音が、ミャーミャーとか、ピイピイとかいう声がしました――夏には、小鳥たちはほとんど一晩中眠らないようです――いずれにしても、この庭園がお気に召したのはわたしだけではないようでした。と、いきなり、管理人が現れたので、わたしは死ぬほどびっくりしました。その人は寝ぼけているようで、ここで何をしているのかと不機嫌な声で訊きました。だれもいるはずのないところに人がいるのを見つけて、わたしとおなじくらい驚いたのです。わたしはバラの茂みの形を整えているのだと説明しました。大きな花がたくさんついて、こんなに枝がたわんでいるのをごらんなさい。絶対に枝を間引いたり、枯れた花を摘んでやる必要があるんです。そうすれば、もっときれいになり、もっと丈夫になるのです。わたしは花泥棒ではありません。いずれにせよ、花はわたしたちみんなのものなのだ、とは言いませんでした。管理人はわたしを奇妙な目で見ましたが、わたしがさらに、じつは、恋人と会えなくて眠れなかったのだと付け加えると、心を動かされたらしく、バラの健康を気づかってくれるのはいいことだし、自身の仕事も楽になると言って、わたしが花束をつくる手伝いまでしてくれました。世の中にはホロリとさせられる話が大好きな愛すべき人たちがたくさんいるのです。わたしは途中まで送ってもらうことにしましたが、彼はそれを喜んでいるようでした。

＊

今夜、六月六日のあなたの手紙を読み返しましたが、Ｆｋ、あなたに心配をかけたり、誤解して非難したことを後悔しています。あなたがわたしにとって好ましい人でしかありえないのはわかっています。わたしの人生を、わたしの結婚生活を、わたしの自立を決定するのはわたしなのです。わたしたちのあいだには忠実さしか、真実しかありません。だから、とてもむずかしいのです。ときおり、わたしは自分でお芝居をして、ウィーンを離れ、わたしの街でありあなたの街でもあるプラハに行くと、街がわたしたちにとって安らぎと愛情にあふれた風景になるのを想像します。けれども、それはどこか嘘っぽいのです。わたしの生活はここにあるし、わたしがあなたに会いにきてほしいと懇願しているのもやはりここなのです。

あなたとわたしは似すぎています。わたしはこの崩壊を知っているし、深淵を知っているので、あなたを苦しめたくないのです。わたしはときにはとてつもないほど強烈になる自分の生命力をあなたに分けてあげたいと思っています。わたしはそれが怖いほどなのです。それを鎮めるために、わたしは駅で荷物運びの仕事をしています。お金が必要だからでもありますが。じつは、この仕事ではわたしはとても評判がよくて、なかなか稼ぎもいいのです！

あなたのミレナ

一九二〇年六月十日、ウィーン

フランツK、

あなたに話せるのがうれしくて大喜びで書いた手紙を投函してしまうと、まるでクモに咬《か》まれたかのように、わたしの血管に痺れるような毒がじわじわまわっていくかのようでした。返事を待っているあいだ、その手紙がたどっている旅路を想像しているあいだ、毒が体にまわっていくのです。あなたがそれを読んで、どんな顔をしているか、どんなふうに読むのか？　なんという戦慄。手紙は気にいってもらえるのか？　まるで熱があるかのように肌がヒリヒリするのです。

ああ、あなたの絶対的な誠実さをわたしはどんなに愛していることでしょう。あなたはけっしてわたしの気を惹こうとしたりはしないし、いつもあなた自身でありつづける。それこそこの上なくすばらしい態度だと思います。わたしはあなたの足下の地面を掃除して、いろんな罠や汚物やごみを片付けたいとさえ思うのです。

あなたはわたしを失望させるのを、〝幻滅させる〟のを心配していますが、それはけっしてありえないことです。あなたには生命力が欠けているわけではありません。それは奥底に秘められているのです。わたしがドアをあけ、わたしたちはいっしょに腰をおろすでしょう。もしも眩暈《めまい》がするのなら、あなたは頭をわたしの膝にのせてください。わたしはあなたの真実が、あなたの果てしない弱さが大好きです。お願いです。もう一度お願いします。二週間後にわたしに会いに来てください。

待ち人　ミレナ

一九二〇年六月十一日、ウィーン

昨夜、あなたの夢を見ました。蝶みたいに軽やかに、あなたはわたしのまわりをふわふわ飛びまわっていました。

わたしは怖いのです。すべてがあまりにも重大なことだから。わたしは生活を変えるのが、未知のなかに飛びこむのが怖いのです。あなたのことはとても少ししか知らないし、あなたはとても壊れやすい人だから。蝶は地上で生きているわけではないのだから。わたしは不安定で、あなたを苦しめてしまうかもしれない。あなたはあまりにも感じやすすぎるし、わたしはやかましい人間なのです。

＊

先ほど、六月十日付の手紙を受け取りました。どうか、フランク、わたしが自分の愛を疑うことはけっしてないことを理解してください。それはどうしようもないことで、揺らぐこともありません。あなたがあまりにもこだわりすぎている死よりももっと揺るぎないのです。心配しなくても、死はいずれやってきます。でも、あなたがわたしを愛していないと思うのなら、わたしはすべてをあきらめ、あなたをあきらめます。

Eから遠く、あなたからも遠い、どこか別の場所にわたしが住まいを借りる家賃を払ってくれるというのは思いやりのある申し出で、もしかすると、そういう場所でしかわたしは心の安らぎを得られないのかもしれません。でも、わたしにはそれはできないでしょう。わたしがエルンストと別れるとすれば、それはあなたのためであり、あなたと毎日いっしょに生きるためです。わたしはもうひとりの肉体のそばでしか生きられないし、そういう交流が必要なのです。わたしは動物であり、孤独を払い除けるために毎日肌が触れあうことが必要なのです。わたしは自分があなたのものになりたがっていることを知っています。わたしは寝床のくぼみのなかにいっしょにいる自分たちを想像します。窓はバルコニーに、庭に向かってひらいています。けれども、わたしがあなたのような肉体を、あまりにもか弱い体を欲しがることができるのでしょうか？　わたしの手のなかにはあなたの手が必要だし、わたしのこめかみにはあなたのこめかみが必要なのです。そして、残りのすべても。

あなたを怯えさせるのが怖いので、このくらいにしておきます。

でも、それもやはり愛なのです。あなたはそれを知っていますか？

一九二〇年六月十二日、ウィーン

あなたの夢が告げているように、あなたがわたしを失うことを怖れているのなら、なぜわたしに会いにこないのですか？

〃わたしと再会するために国家の機構を総動員させたい〃というあなたの願望は空恐ろしいけれど魅力的で、とんでもないけれどすてきです。財務当局が損害云々というのも笑わせられました。わたしもときおり、わたしたちがいっしょになれるように、全宇宙を呼び出したいと思うことがあります。全宇宙がそのために共謀してくれることを夢見るのです。わたしひとりだけではけっしてそうはできないからです。わたしからあなた《ティ》への一筋の道しかなくなるようにすることは。

ああ、〃あなた《ティ》〃を使ってしまったわ。ほら、わたしはあなたの願いに忠実でしょう？　一度だけにしておくけれど。わたしはあなたの願いを大切にしています。もっとはっきり言ってほしいのです。わたしだって、その勇気があれば、自分の願いを言いたいけれど、あなたをびっくりさせるのが、強烈すぎる結果になってあなたを粉々にしてしまうのが怖いのです。わたしはときどきあなたに言えないことを書きます。あまりにも傷つきやすく、壊れやすいけれど、ある種の根源的な力――それがあなたに物を書かせているのですが――をもっているあなたにさえ。わたしは書いて、その手紙を捨てるのです。わたしはあなたのところへ通じる回廊を想像します。そのとき、世界のそれ以外のすべては消えてしまうのです。一瞬か、数日のあいだか、それとも永遠にか。夜寝るとき消してしまう明かりみたいに。太陽が沈んで世界が動きを止め、存在するのはあなたとわたしだけになり、ふわふわと夜のなかに浮かんでいます。それは森や山――あまり高くない山（というのも、あなたはそのほうが好きだからです。わたしは頂上を目指すのが好きだけど、あなたのためには、あなたといっしょなら！　わたしもあまり高くない山のほうがいいのです）——や、もちろん湖のある美しい夜になるでしょう。暗くて深い、美しい湖。わたしはあなたの傍らで完全に新しくなります。あなたと出会ってから——生まれ変わって——わたしは書くのです。わたしが現在のような別人になったのは、カフカの妻、ミレナになったのは——大部分は——あなたのおかげであり、あなたを翻訳することを通してなのです。ああ、そんなふうになれたら、どんなにうれしいことでしょう！

覚悟していることですね。そのうちわたしがふいに現れることになるでしょうから。

ウィーンの
ミレナ

一九二〇年六月十三日、ウィーン

わたしはもう自分がどうなっているのかわかりません。あなたといっしょに遠くまで行きすぎたようです。わたしはあなたのほうにも彼のほうにも行かずに、どこか自分ひとりきりの場所に行く第三の道に逃げ出したい気分です。こんなふうにしていると頭がおかしくなって、自分がだれだったのかわからなくなります。人を愛するために自分が別人になろうとすれば、ひどい眩暈に襲われるのです。わたしはいま病気で、ときおり小康状態になると、あなたのことを、わたしのあなたのことを考えてうれしそうにうわごとを口走ります。けれども、あなたはほんとうに存在するのでしょうか。ときどきそれさえも疑わしくなります。病気のせいでわたしは自分でなくなり、動くことも、走ることも、よじ登ることもできなくなって、わたしの体は死にかけています。あまりにも生きたがりすぎる罰なのでしょうか。あなたに会えなければ、わたしは死んでしまいます。癒しようのない渇きに灼かれて、わたしはここで窒息しているのです。

M

＊

六月十二日の手紙を受け取りました。
愛しい、とても愛しいＦＫ、あなたに力がないのなら、わたしが二人分の力を出すでしょう。わたしはあなたのそばに行きたいけれど、あなたを怖がらせてしまいます。何もかもがあなたを怯えさせるのです。だから、あきらめましょう。おたがいに手紙を書くのをやめましょう。あなたの言うとおりです。このままでは頭がおかしくなってしまいます。ハース*6のことはとてもひどい話です。わたしはウィーンから逃げ出すでしょう。プラハに行きたいけれど、プラハはわたしには死の影に満ちています。母は病気で、長年苦しみ、父は常軌を逸していて、なにもかも矛盾だらけです。わたしはあなたのそばにいたいし、そのほうがずっと簡単だけれど、あなたは生まれたくなかったのだと言う。あなたが消えてしまうなら、わたしも消えてしまうつもりです。知っていますか？　わたしは心の底から怒っています。自分がどうなっているのかわからなくなっているので、もう黙ったほうがいいのでしょう。それとも、自分自身に向けてだけ書くようにするか。この手紙にはなにひとついいことは書けませんでした。あなたの心の安らぎを願うばかりです。

ミレナ

追伸
わたしの生活が想像できるように、アパートの見取り図を同封します。

ウィーン　7区
レルヒェンフェルダー通り
113番地5

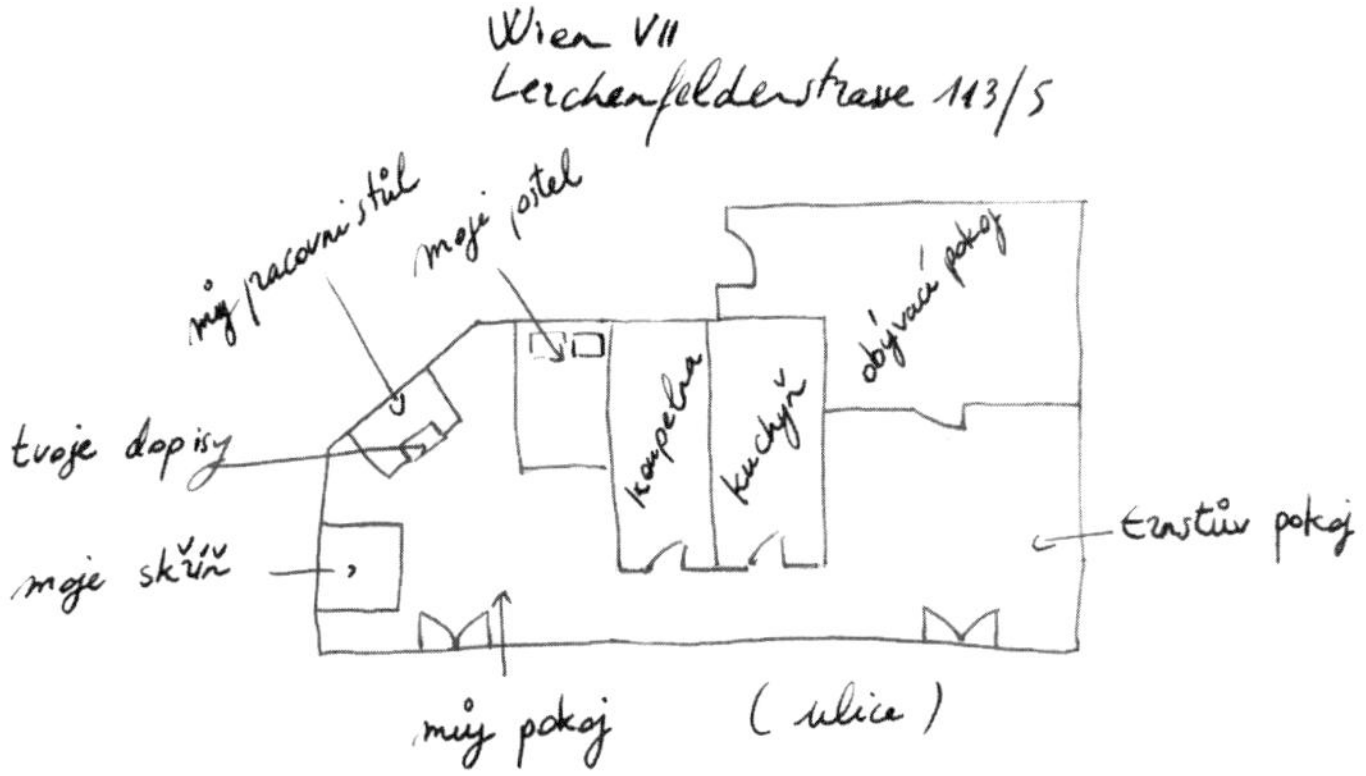

わたしのベッド（moje postel）
わたしの机（můj pracovní stůl）
あなたの手紙（tvoje dopisy）
わたしの洋服ダンス（moje skříň）
バスルーム（koupelna）
エルンストの部屋（Ernstův pokoj）
わたしの部屋（můj pokoj）
居間（obývací pokoj）
キッチン（kuchyň）
中庭側（dvůr）
通り側（ulice）

一九二〇年六月十四日、ウィーン

いつでも不安、不安ばかり。あなたは穴ぐらで夢を見ているけれど、きょうも陽光が降りそそぎ、夏がすぐそこまでやってきています。わたしの胸には勇気のような軽やかさがみなぎっています。

ほんとうのところ、あなたは何を怖がっているのですか？　わたしに気にいられないこと？　わたしを失望させること？　あなた自身の欲望に応えられないかもしれないこと？　わたしは、あなたを神みたいに崇めたいのです。あなたの文章の一文ごとがわたしを高みに引き上げ、夢中にさせるからです。でも、そのせいであなたが怖がっているのなら、安心してください、あなたが神ではないことをわたしは知っています！　わたしは神を待ち望んでいるわけではありません。少なくとも、不完全な神を。キリスト教の神はきわめて不完全で、その不完全さゆえに人は善良になることができるのです。あなたが神でないことはわかっているけれど、無限の善意をもつ神であるかのようにあなたを愛することを許してください。

わたしがあなたを愛していない、もう愛していないかもしれないと心配しているのですか？　わたしはあなたを愛しているし、絶えずそう言っています。わたしに会いにくれば、この絆がどんなにほんとうか感じるでしょうし、生きることがどんなに単純なことかわかるでしょう。あなたはけっしてわたしを愛しているとは言わない……。わたしを失うのが怖いのですか？　わたしはあなたを永遠に愛すると誓ったではありませんか。別れるとすれば、離れていくのはあなたでしょう。わたしにはわかっています。それでもわたしは不服を言うつもりはありません。あなたを知ることができたこと、ときにはそれだけでもわたしは幸せなのです。あなたを知り、あなたを読むことで、わたしという人間は変わりました。あなたはいつまでもわたしのなかにいることでしょう。あなたが怖れているのはこの内面性なのでしょうか？

わたしのなかにいること、わたしの一部になっていること、わたしを通して世界と一体になっていること。あなたはモグラのフランクではありません。フランクはあなたが思っているよりはるかに強いのです。あなたにもかかわらず、ほかのすべてにもかかわらず、わたしに愛を誓い、わたしを愛してくれているのはフランクなのです。喉を渇かせた動物さん、わたしの口から水を飲みにいらっしゃい。病気のことは忘れなさい。まだ息が切れてはいないでしょう。わたしはあなたを山に連れていきます。木々が呼吸を楽にしてくれるでしょうし、わたしも楽になるでしょう。

お願いだから、怖がるのはやめて、わたしに任せてください。わたしのそばで横になりに来てください。緊張を解いて、身を任せてください。自分が変わるのを受けいれてください。ほら、わたしはこんなふうにあなたの足下に横たわり、自分を差し出しているではありませんか。

わたしはすでに
あなたの
ミレナで
わたしたちはすでに

一心同体です

一九二〇年六月十六日、ウィーン

フランツK、手紙を読みましたが、あなたの言っていることを一語ずつ繰り返すことしかできません。けさは疲れきっていて、あなたに付いていくしかありません。

1　あなたの夢はあなたがわたしの夫を怖れていることを物語っています。あなたはウィーンと彼を怖がっているのです。たしかに、彼はあなたに嫉妬しています。わたしがあなたを翻訳するのを見れば見るほど、ますますよけいに嫉妬するのです。ジャーナリストになって、自分の記事を発表するようになれば、彼はわたしをもっと評価するようになるのではないかと思っていたのですが、実際にはその正反対でした。『トリブナ』紙に採用された記事をわたしは彼に見せました。書くことでようやくお金を稼げるようになったこともあって、わたしは誇らしかったのですが、彼はゲラゲラ笑って、こんなのは感傷的な少女趣味にすぎないと言いました。あなたが怖れるまでもない器の小さな人間なのです。
2　あなたの夢のなかで、わたしは幽霊であると同時にあなたの分身（おなじ服装、おなじ体つき）でもありました。わたしたちは似た者同士で、しかもひどく異なるのです。
3　わたしがあなたの体を好きになれないのではないかとあなたは心配しています。けれども、わたしにとって、あなたの体はあなたの魂で、純粋さがそれを動かしているように見えます。あなたの背の高さや、繊細な手、頬骨の高さや燃えるような瞳がわたしは好きです。
4　あなたにとって言葉はまさに全能なのに、健康とか医学的なことを別にすれば、あなたがわたしの体のことを話題にすることはまずありません。体調はよくなっています。わたしが欲しいのは医者ではなくて恋人です。わたしがきれいだと思ってくれているのは知っていますが、わたしはあるがままのわたしを、このわたしの肉体をあなたに欲しがってほしいのです。
5　待つことについて――これはむずかしい問題ですが――わたしはまだあなたといっしょに生活する心の準備ができていません。たぶん、前述のことがその理由のひとつかもしれませんが。いっしょに生活する、日常をともにするというのは愛して、食べて、眠ることです。あなたはすでにこのあとのふたつにとても苦労しています。わたしはあなたをもっと息苦しくしてしまうのが心配なのです。わたしはたくさん動きまわるし、たくさん食べます。わたしはいつもお腹を空かせているし、肉が好きだけれど、あなたはサラダしか食べず、牛乳しか飲みません。わたしはワインが好きなのです。あなたのそばでは、わたしは高地の牧場のでっぷり肥った牛になったような気がするでしょう。

6　おまけに、わたしは音楽が好きで、踊るのが大好きなのです。

一九二〇年六月二十一日、ウィーン

けさ、わたしはひどく苦しんでいます。鈍い痛みで息が詰まるほどです。肺はよくなってきていますが、心が痛むのです。あなたからあまりにも遠く離れているからです。痛みの激しさで愛情の深さがわかります。あなたの病気が悪いのはわかっています。あなたはますます痩せて、人生から、そしてわたしからも、逃げ出そうとしています。言葉だけでは十分ではありません。あなたも言っているように、言葉は容易すぎるのに、効果が大きすぎます。紙は人を狂わせるのです。あなたの不幸の責任がわたしにあるとは思っていません。でも、あなたの夜のなかにわたしがいれば、その存在があなたの救いになるはずだと本気で信じています。言葉というまことしやかな存在のことを言っているのではありません。あなたが想像しているわたしという存在や心のことを言っているのでもありません。ここにいるこのわたしのことを言っているのです。あなたがわたしの手紙でどんなに満たされているかは知っています。これについては、わたしたちの意見が一致することはけっしてないでしょう——あなたは自分自身以上にわたしをよく知っていると言いますが、それは間違いです。あなたはわたしを読んでいるけれど、わたしは文章ではないからです。あなたはわたしがそばにいることを望みません。わたしを怖がっているのです。ユダヤ人の祖先から受け継いだとあなたが考えている心の奥底からの恐怖。けれども、呪いなどというものは存在しないのです。あなたがわたしより十三歳年上だからといって、死がわたしより強くあなたを呼び寄せようとしているわけではないし、あなたは生まれ変わることができるのです。わたしだってもう一度生まれ変わることができるように。わたしは心から信じています。わたしたちの歴史には悲劇的なものなどなにもなく、戦争は、大戦争はすでに過去になり、大惨事はもう起こってしまったあとなのです。わたしに会うだけの生命力がない、とあなたは言います。わたしと会えばバラバラにくずれ落ちてしまうだろうと。でも、それは手紙とおなじくらい強烈な存在を想像しているからなのです。あなたはわたしを愛しているのに、それを認めることを拒んでいる。そして、妻が浮気したせいで自殺した夫の怖ろしい話をするのです。死はあなたを安心させるからです。もちろん、愛するのは危険なことで、愛し愛されるのは稀なことでしょう。でも、わたしたちは！　あまりにもあきらかだとは思いませんか？　絶対に避けられないのは死ではなくて、愛なのです。

わたしがあなたを愛していることが信じられないとあなたが言うとき、わたしがどんなに辛い思いをしているか、あなたはわかっているのでしょうか？　それはまるで自分の存在をそっくりそのまま否定されたようなものなのに。そのたったひと言で。わたしはあなたの物語の登場人物ではありません。その証拠に、あなたはわたしに手紙を書いているではありませんか。わたしたちは物質を通して結びつけられているのです。あなたの人生は絶えることのない矛盾です。わたしと会うことを受けいれて、わたしがあなたにもたらす愛の歓びを受けいれてください。ミレナは――たとえそこにどんなに豊かな含みがあるとあなたが感じているとしても――単なるファーストネームではなく、オブジェでもありません。ミレナはあなたが頭のなかでつくりあげる物語ではないのです。

MJ

*

手紙を投函する前に、ちょっと付け加えておきたいのは、きょう一日わたしはあなたのことを考えながら、あなたといっしょに過ごしたということです。それから、一九一八年に皇帝によって恩赦が与えられたヒルスナーの事件〔一八九九年にオーストリア＝ハンガリー帝国で発生した、チェコ人の若いカトリック女性が殺害された事件。ユダヤ人青年レオポルド・ヒルスナーが犯人とされた〕ですが、わたしは反ユダヤ主義が荒れ狂ったことを覚えています。新聞雑誌が怪物像をふくらませ、下劣なことが大好きな人たちが犯罪を儀式的殺人にしてしまった。それこそ幻想です。自分たちの憎悪をひとりの男に収斂させ、それからひとつの共同体に、ひとつの民族に、ユダヤ人なるもの（そういう共同体が存在するのでしょうか？）に収斂させたのです。憎しみに首まで浸かって、他人が、よそ者が我慢できなくなる。このヒルスナーという男は浮浪者でした。人々はさまよい歩く人間には我慢できないのです。あなたを知る前には、わたしはシオニズムの理由が、パレスティナに移り住みたいというユダヤ人の気持ちが理解できませんでした。わたしにとって、それは逃げ出すことでした。わたしは依然として、ヨーロッパにはいくらでも彼らの居場所があるし、ドイツはロシアのユダヤ人大虐殺を逃れてきた何万人もの哀れな人たちを受けいれるべきだと思うけれど、わたし自身が祖国を離れて生活するようになったいまでは、自分の場所がないこと、自分が余計者で、なんの権利もないのがどういうことか、自分の肌で感じるようになりました。わたしもあなたとおなじ観点に立って、あなたの友だちのマックス・ブロート〔（一八八四—一九六八）プラハ生まれのユダヤ系ドイツ語作家、エッセイスト、批評家。カフカの友人として、その作品の紹介に努めた〕がパレスティナに行きたいと言うのを肯定できるようになったのです。恐怖に対しては、肉体を安全な場所に避難させてやる必要があるからです。そこがほんとうに安全だとしてですが。それでも、反ユダヤ主義の責任はユダヤ人にあるというあなたの意見にはけっして賛成できません。チェコ人とおなじように、彼らにも自立した自由な生き方をする権利があるのです。ここでも、ほかの場所でも。

ミレナ・J

一九二〇年六月二十二日、ウィーン

フランク、

わたしはあなたに小さなこども扱いされるのは嫌いです。わたしは若いし、女ですが、こどもではないし、あなたがわたしの父親だというわけでもありません。わたしにはすでに父親が、かなり横暴な怪物みたいな父親がいるのです。このうえさらに父親が欲しくはないし、お説教もごめんです。あなたは怪物ではないけれど。

ミレナ

追伸

あなたのお父さんへの手紙〔カフカが父ヘルマンに宛てた長大な書簡『父への手紙』。父子の軋轢を清算する目的で、一九一九年に執筆〕ですが、わたしにその手紙を送ってください。

一九二〇年六月二十三日、ウィーン

フランク、

あなたはわたしがウィーンを離れることを、あなたといっしょに生きることを望んでいると言う。それなのに、わたしに何日か会いにくるのには乗りこえがたい壁があるように感じている。いっしょに暮らすことが何を意味するのか、あなたは知っているのですか？　肉体がすぐそばにあるのは、手紙の重さとは別物です。すぐそばにいる存在は観念ではなくて、物質です。あなたは自分の肉体を受けいれ、それに耐えるのにも苦労しているのに、わたしの肉体といっしょに暮らしたいと言うのですか？　あなたはほとんど食べようともしません。わたしはときどき、あなたには生存本能というものがまったくないのではないかとさえ感じます。空気中に蒸発して消えてしまうかもしれない人といっしょに生活できるでしょうか？　わたしは戦争中に飢えを経験したせいで、死ぬのとおなじくらい飢えることを怖れています。お腹が空くことには耐えられないのです。でも、あなたは？　あなたは空腹を感じることがあるのかしら？　わたしと暮らすと言うけれど、いったいどうやって暮らすのでしょう？　わたしは父の家に戻って暮らすことはできないし、いまのところまだ結婚していない人と暮らせる自信もありません。あなたを信頼していないわけではなくて、むしろ自分が信用できないのです。きちんとしたかたちを取らなければ、自分ががんばれないかもしれない不安があるのです。

昨晩、わたしはエルンストと喧嘩をしました。キッチンで、食事の最中でした。いまではどうして喧嘩になったのかさえもう覚えていません。たいていの場合、事はまともな理由もなくはじまります。わたしは彼のすべてが我慢できなくなってきているのです。彼の狭量さ、体のかたち、その匂いや声までも。彼のすべてがふいに嫌でたまらなくなるのです。それは極端に生理的な感覚で、わたしは彼がいい男だと感じるときもあれば、醜くて下劣だと感じるときもあり、そういうときには、なにをしても無駄なのです。ひどく荒々しい言葉が口から飛び出してしまいます。わたしも美しくはありません。断っておきますが、わたしと暮らすのは容易《たやす》いことではないのです。昨夜は、彼がアパートに入ってきて、ごく当たり前のことをするようにテーブルの下に足を入れたときから、わたしはもううんざりしていました。わたしのすべての不幸、わたしが送っているこのなんの面白味もない生活、わたしのあらゆるひ弱さはすべて彼の責任なのでした。そうなのです、こういうのも結婚生活なのです。彼に投げつける言葉がなくなったとき、わたしは目の前にあった皿をつかんで、彼の顔に投げつけようとしました。でも、狙いがくるって、皿は壁に当たって粉々になり、トマトソースが壁に跳ねかかりました。彼も自分の皿でおなじことをしたので、わたしたちはものすごい勢いでテーブルの上を空にして、キッチンの壁を塗りなおしました。テーブルになにもなくなると、わたしは彼の叔父さんが結婚祝いに贈ってくれたすばらしいボヘミア・クリスタルのグラスのセットのことを思い出しました。そして、自分の罪深さをじっくりと味わいながら、そのシャンパングラスを取りにいくと、ゆっくりとひとつずつ足下に落としたのです。彼は怒りで真っ青になり、食器棚に歩み寄ると、ルージェナ伯母さん〔ルージェナ・イェセンスカー（一八六三―一九四〇）。ミレナの父方の伯母で、チェコの抒情詩人、作家〕が贈ってくれた三十二点の食器セットを持ち出しました。そして、グラスがひとつ割れるごとに、皿を一枚落としたのです。わたしは自分が真っ赤になっているのを感じました。一種の恍惚状態になって、いまにも爆発しそうでした。お皿のあとには、スープ鉢、ソース入れ、シュガーポット、コーヒーポット、すてきな磁器の諸々がタイル張りの床に衝突してじつに華々しい音を立てました。食器がひとつ割れるたびに、わたしたちはありったけの力を込めてにらみ合ったのです。やがて、足下に投げ捨てるものがなくなり、床がすっかり破片で埋め尽くされると、わたしたちは顔を見合わせました。すると、突然、彼の顔色が青から赤になって、わたしはゲラゲラ笑いだしたのです。彼は一瞬訳がわからないという顔をしましたが、すぐに自分でも笑いだしました。あたり一面瓦礫の山で、壁には赤い筋がしたたっていました。わたしはとてつもない怒りの発作を爆発させた幼い少女に戻っていました。どっちみち、わたしはルージェナ伯母さんは好きじゃなかったのです。伯母さんは嫌な臭いがするし、食器セットは趣味が悪くて古臭かった、とわたしは言いました。この食事を締めくくるためにレストランに行くのはどうか、と彼はわたしに訊きました。この喧嘩の、あるいは喧嘩の終結の、あるいは戦争のはじまりの――わたしたちがどんなばかなことを言ったかもう覚えていませんが――お祝いとしてわたしにシャンパンをごちそうしてくれるというのでした。結婚生活というのはいっしょにばかになることなのです。

結婚が心を鎮めてくれるとは考えないことです。ひとりで生きられないとき、人はだれかといっしょに暮らすのです。それは肉体的なもので、あなたがわたしの肉体に、わたしの食欲や笑い声に耐えられるかどうか、わたしにはわかりません。わたしが絶えず動きまわれば、それがあなたを疲れさせるでしょう。わたしは行ったり来たりするし、人と会わずにはいられません。すべてがわたしたちを引き離すでしょう。わたしはあなたを愛しているし、あなたを深く、たぶんだれよりもよく、理解していると思いますが、いまのところ、わたしたちには結婚は不可能だと思います。結婚があなたが抱いている一家を築くことへの不安を変えることはないでしょう。あなたはけっしてあなたのお父さんみたいにはならないでしょう。それは望ましいことではないでしょうから。あなたには書くための時間とたくさんの静寂が必要です。わたしは自分があなたを愛することだけで満足して生きていけることを知っています。それだけでも生きていけるのです。けれども、あなたはそうではありません。書くことがあなたを支え、あなたを生かしている唯一の活動であり、あなたはふたつのことを同時にはできないのです。たとえどんなに辛くても、わたしはそう思っているし、そうであることを知っているのです。

わたしはけっしてあなたと別れることはないだろうとも言っておきますが。

あなたがそうしたいと言わないかぎり。

あなたがそれを要求するのでないかぎり。

あなたのミレナ

一九二〇年六月二十四日、ウィーン

フランツK、あなたは生きているのです。病気とは関わりのないところで生きています。書いているからあなたは生きているのです。わたしが愛しているのは、わたしが話しかけているのは幽霊ではありません。あなたがわたしに忠告してくれるのはうれしいことです。わたしをいちばん、いちばんよく理解しているのはあなたなのような、あなたがただからです（わたしはときどき、あなたの視線がわたしの奥深くまで差しこまれるかのような、あなたがわたし自身よりもっとよくわたしのことを知っているかのような、奇妙な落ち着かない気持ちになることがあります）。あなたはわたしの深い絶望を知っているし、わたしの大きな悦びも知っています。わたしはあなたを知ることができて幸せです。これはとても重要なことなのです。

あなたは自分が死んでいると思っていますが、わたしはあなたより生き生きとした人を知りません。あなたは剝きだしで、傷口が大きくひらいたままになっています。わたしはその痛みを和らげてあげたいけれど、それには時間がかかるでしょう。

自分自身に気をつかって、あまり体力をつかいすぎないようにしてください。あなたはとてもひ弱いのだから。ここには来ないでください。列車の旅は疲れすぎるし、わたしがあなたを苦しめることになるでしょう。認めたくはないけれど、わたしにはわかっているのです。現実の存在が、愛が——とんでもない希望や、大それた期待、常軌を逸した悦びや数限りない失望をつくり出して——どんなに人を疲れさせるか。そういう生き方をするためには、そういう大変な人生を生きるためには神経がずぶとくなければならないのです。

ミレナ

一九二〇年六月二十五日、ウィーン

フランク、わたしはたったいま目を覚ましたところですが、ベッドから出る前に、マダム・コーラーがやってくる前に、自分が見た夢の話をする必要があるのです。あなたはきっと理解してくれると思います。わたしは自宅から遠いところに、とてもとても遠く離れた、知らないのに知っている国に、アメリカか中国にいるのでした。そこは世界の裏側みたいなところでした。そこへ戦争か、あるいは大災害か、疫病か、大洪水か、なにかしら旧約聖書風の大惨事が発生します。

とてつもないパニックに陥って、人の大波に呑みこまれ、わたしは流されていきます。どこに向かっているのかはわかりませんでした。なぜ逃げるのかもわからないまま、わたしはしぶしぶみんなとおなじように逃げていくのです。そうするのがいいことだとは思っていないのに、そうしているのでした。それから、わたしは駅にいました。何百もの列車が絶え間なく発車していきます。連続してどんどん発車していくのです。わたしはその列車をすこしも信用できませんでしたが、だれもがわたしたちはそれで救われると考えているようでした。完全なパニックのなかで、みんなが列車に突進していきます。行き先はわたしにはわかりませんでした。と、ふいに、わたしはプラットホームに一人っきりになっていました。完全に見捨てられたようでした。「自分は若いし、まだ死にたくはない」と思ったことを覚えていますが、切符を買いにいこうという考えは浮かばず、最後の列車がいまにも発車しようとしていました。そのとき、だれかに肩をつかまれるのを感じました。ひとりの男がわたしに切符を差し出して、「この切符があれば、世界のどこにでも行ける。なにも心配することはない！」と言いました。わたしの知らないその男は、それでもなんだか知っている男のような気もするのでした。その瞬間、わたしが考えていたのは「そうなのよ、これが世界の終わりなのよ、あの大災害なのよ、わたしにはわかっていたわ」ということで、そう思うと、なぜか安心できるのでした。わたしはほっとして列車に乗りこんだのですが、ほかの人の席を横取りしてしまったのを心苦しく感じていました。

列車が発車すると、地面がふたつに裂けて、巨大な鉄道網が現れるのが見えました。世界はクモの巣のような鉄道網になり、家も、祖国も、家族も、すべてを失って気も狂わんばかりになっている人々を運んでいくのでした。列車は巨大な穴のふちまで来ると、そこで停まって危なっかしく釣り合いを保っていました。係官が「旅券の検査をする、全員降りるんだ！」とどなりました。そこは税関だったのです。わたしは身分証明書も、パスポートも、ビザも持っていませんでした。検札係が近づいてきて、わたしは切符を探しました。それは二十回も折りたたまれていて、ひろげるのにとんでもなく時間がかかりましたが、ようやくなんとかひろげると、そこには〝死刑囚〟と書かれていました。ところが、そこで、わたしは自分がとても自信たっぷりに言うのが聞こえたのです。「これはたぶん世界の向こう側に行くための合い言葉なんじゃないかしら?」

この夢をどう解釈すべきなのか、わたしにはわかりません。もちろん、列車やわたしたちの旅券の問題があるし、死のこともあります。わたしが世界の向こう側で会いたいと思っているのはあなたなのでしょうか？　あなたに会って、この腕であなたを抱き締められたら、どんなに心が安まることでしょう。

あなたのミレナ

追伸

あなたがいつ来るのか早く知らせてください。さもなければ、ウィーンに着いたらすぐに連絡してください。

一九二〇年六月二十六日、ウィーン

親愛なるフランク、

今夜は、なにも読めず、なにも書くこともできず、出かけたくもありません。どんな気晴らしもする気になれないし、エルンストとはどんな話もしたくないのです。暑い一日で、まだ夏至だけど、光があふれています。一日中いい天気でした。わたしたちは散歩に行って、その途中、黄金色の実をつけた麦畑のこんもりとした樫《かし》の木陰でお昼を食べたのですが、とても快適でした。わたしは軽い気分で、おどけたくなりました。わたしは道化師の気分です。エルンストを笑わせなければなりません。どこかから自分より強力なエネルギーが伝わってきました。背の高い、とても痩せた、角張った顔つきの、柔らかい手をした人、底知れぬ深さと先祖代々の傷とこどもみたいなやさしさを併せもつ人から伝わってきたのです。

わたしはあなたを愛しています。人一倍頑丈なわたしの体にとって、歩くのはいいことなのです。わたしはあなたを愛しています。一日中、わたしはあなたを愛していました。あなたは蝶になって、ずっとわたしといっしょにいました。どんな花、どんな景色、どんな木の前でも、あなたはわたしの肩の上にいて、あなたのこめかみがわたしのこめかみのすぐそばにあり、あなたの髪がわたしの髪と絡み合っていました。わたしの想いはどんなものでもみなあなたに向けられたものでした。わたしはなにもかもあなたに言おうとし、あなたはすべてに耳を傾けてくれました。わたしはあなたを愛しています。わたしは大胆不敵に振る舞いました。エルンストにもっと速く歩くようにせっついたのはわたしだったし、わたし自身、山羊みたいに跳ねまわりました。わたしはあなたを愛しています。わたしは食べました、というよりむしろ、貪りました。わたしはあなたを愛しています。二人分食べましたから、ご心配なく。わたしはすでにあなたの分も入れて三キロも余分に肥っています。わたしはあなたを愛しています。でも、思い違いをしないでください。わたしは木々を、花々を、蝶を愛するように、やさしさと、讃嘆の念と、魅せられた心と、尊敬の念とを抱いて、神秘を感じながら、なにも言わずに、自由な気持ちで、あなたを愛しているのです。木々や花々や蝶たちがわたしを愛してくれているのかどうか知りたいとは思いません。あんなふうにわたしを見返すのだから、わたしを愛してくれているのかもしれませんが。それでも、わたしはなにも期待していないのです。そういうすべては消えてなくなるかもしれないし、そうなったらわたしは悲しいけれど、束の間でもいっしょにいられたことを天に感謝するだけです。わたしは自由な気持ちで愛していて、わたしの愛がそういうすべてを護っているのだけれど、その愛にどう応えるかは相手の自由なのです。そして、あなたもそこにいたのです。

わたしたちは家に帰りました。すると、アパートに着いたとたんに、あなたは消えてしまったのです。わたしはあやうく卒倒するところでしたが、なんとか腰をおろしました。わたしは心配でした。もう食欲もなければ、喉が渇いてもいませんでした。あなたがいないのがショックだったのです。あなたからの手紙はありませんでした。なんの慰めもなく、沈黙があなたの刺すような眼差しをざわめかせることもありませんでした。世界は空っぽになってしまったのです。あながいないのが寂しい。手紙を書けば、すこしは気持ちが落ち着くけれど。ほら、わたしを読んでいると、それがわかるでしょう？　わたしたちはいっしょなのです。わたしはあなたを愛しています。でも、それが何になるのでしょう？　もしもあなたが消えてしまったら、わたしはくずれ落ちてしまうでしょう。

ミレナ

追伸1
わたしが自分のノートでたたいて殺したきれいなスズメバチを送ります。わたしの罪に汚れた手に気をつけてください。この手はあなたのことを思っているのです。

追伸2
わたしが翻訳したばかりのマイリンクの『ガマガエルの不運』〔グスタフ・マイリンク（一八六八―一九三二）はウィーン生まれの作家。幻想文学・怪奇文学に先鞭をつけた。『ガマガエルの不運』はマイリンクによる寓話〕を送ります。この寓話では、嫉妬したガマガエルがムカデに自分の肢の動きについて考えさせることで動けなくさせてしまうのですが、もちろん、わたしは疑問で身動きできなくなるあなたの虫のことを考えました。肉体と精神の離反についてのあなたの考え。

そして、考えすぎることの不幸。でも、あなたはこの寓話よりもっと先まで行っていますが。

一九二〇年七月四日、ウィーン

そうです、わたしたちは寄り添って、森のなかをいっしょに歩いたのです。いいえ、それは夢ではありませんでした。

わたしは真夜中にこれを書いています。どうして目を覚ましたのかわかりません。夏の暑い通りで猫が啼《な》いているけれど、目が覚めるとすぐにあなたのことが頭に浮かんで、頭から離れなくなり、もう眠れないのです。わたしはあなたを受けいれ、新大陸を発見したクリストファー・コロンブスみたいにあなたに話しかけます。やむにやまれぬ力がわたしを探検へと押しやるのです。海が眠りで、そこにあなたがいるのです。退屈な航海のあいだずっとあった欲望みたいに。支離滅裂な話でごめんなさい。わたしはただ衝動に駆られて話しているのです。どうしてもあなたに話さずにはいられないから。

わたしはアパートにひとりきりです。昼のあいだには大勢の人たちが押しかけてくるけれど、今夜、ここにはあなたしかいません。この手紙を送るかどうかはわかりません。日が昇れば、ひょっとすると、理性が戻ってきて、このアパートがまたわたしの肉体的存在を左右するようになるかもしれません。でも、いまのところは、冥府の暗闇のなかで、わたしはあなたのもの、完全にあなただけのものです。わたしはもう一時間前から目覚めていて、信じられないほど身震いしながら、頭のなかであなたに手紙を書いています。どうしてもあなたと話をしたくて仕方なかったのです。わたしの言葉があなたの心のなかに入っていければいいのだけれど。わたしたちが寄り添って森のなかを夕陽に向かって歩いている姿が目に浮かびます。あなたがわたしのそばにいて、わたしの心臓はドキドキしています。あらゆる不安が消え去って、わたしは心の底から確信しています。けっしてわたしから離れることはないというあなたの約束。あなたの言葉をわたしは神の言葉であるかのように信じています。わたしはとても静かな落ち着いた空気に包まれ、わたしの肺を満たすには全宇宙の空気が必要なくらいです。わたしはあなたのために呼吸するのです。今夜、わたしがあなたのもとに行き、あなたがわたしのところにやってくる、このじつに甘美な孤独にわたしは感謝しています。わたしたちの心臓はひとつになって鼓動しています。森のなかでのように。いまのこの瞬間、わたしがゆっくりとあなたのなかに融けていくのをあなたは感じるでしょう。わたしはあなたのものになり、それ以上のなにも望みません。あなたの声がわたしのこめかみに響いて、わたしはうっとりしています。わたしのあなたを信じる気持ちはあまりにも強烈なので、たとえいつかあなたがわたしから離れていくことがあるとしても、わたしはあなたを愛しつづけるでしょう。あなたは今夜のように永遠にわたしのなかに留まるでしょう。あなたの力はそのくらい奥深いのです。わたしはそう考えているのではなくて、そう感じているのです。わたしは空中に浮揚しています。あなたがわたしを浮き上がらせ、あなたの力が、生命力が、魂がわたしのなかに入りこんでいるのです。あなたは溶解して消えていくという話をしましたが、あなたはわたしのアルコールで、コカインより千倍も沁みこみやすい、やさしくて強烈な麻薬なのです。わたしの胸はどこまでもふくらんでいきます。もう一度あなたに言い、自分にも言うのですが、わたしはけっしてあなたから離れることはないでしょう。なぜなら、わたしが人を愛するとき、それははかない人間の一生よりはるかに長くつづくからです。わたしは永遠にあなたを愛するでしょう。

永遠に《フォー・エヴァー》 ミレナ

一九二〇年七月八日、ウィーン

フランＫ！　ハースの話はほんとうに怖ろしくてぞっとさせられました。ほとんど眠れなかったので、ベッドから出る前に、すぐにあなたに返事を書く必要がありました。マックス・ブロートが言うように、ひどいことです。問題の女性、別の男を愛することで夫を自殺に追いこんだ女性というのはヤルミラで、わたしのいちばんの友だちのひとりです。ヨゼフ・ライナー〔原註6参照。ミレナの友人であるヤルミラの夫で『トリブナ』紙の編集者。カフカの手紙によれば、若くして服毒自殺したという〕の死の責任はヤルミラにはないとわたしは断言できますし、これはわたしたちとは関わりのない話だと思います。他人の経験は、他人の人生の経験は、わたしたちが実際に経験したものとは別物です。それは世界についての貧しい意識でしかなく、せいぜい最後にはどうなるかを教えてくれるくらいのことでしょう。経験は人々の息を詰まらせ、沈着にし、真面目で思慮深く吝嗇《りんしょく》な人間にするのです。わたしは他人の経験についてはなにも知りたいとは思いません。なにかしらの経験をするたびに自分が貧しくなるような気がするからです。わたしが新しい人生をはじめられるとすれば、それは新しい経験をすることによってではなく、古い世界の崩壊を見つめる勇気をもつことによってでしょう。

　わたしはエルンストに話しました。わたしたちが手紙をやりとりしていることを話しました。彼は手紙について、どのくらいの頻度なのかと訊きましたが、読ませてほしいとは言いませんでした。読ませるつもりはなかったけれど。エルンストは女性たちとたくさん問題を起こしているので、わたしを非難するのは場違いでしょう。わたしたちの関係がヤルミラのそれと似ているとは思いません。わたしたちは宿命の重荷に押しつぶされているわけではないし、なにも悪いことはしていません。愛することはすこしも悪いことではないのです。わたしが彼に説明したのは、あなたが支えを、助けを必要としていることや、わたしはあなたの友だちなのだということです。わたしがあなたがたふたりを愛するとしても——わたしはふたりをまだもっと愛することができるでしょう——、だれも死ぬことはないでしょうし、どんな悲劇も起こらないでしょう。たとえ、わたしがときどき罪悪感を抱くことはあるとしても。あなたとの関係はまったく別の関係ですが、彼はそれをよく知っているのです。もしかすると、だからこそ彼は嫉妬するのかもしれませんが。あなたとはけっして張り合えないからです。こういうほうが簡単なのか、それともむずかしいのでしょうか？　わたしは自分があなたの婚約者のユーリエに嫉妬しているとは思いません。わたしたちはおなじような性格ではないのを知っているからです。わたしは彼女があなたをびっくりさせるような手紙を書かないことを知っています。彼女は賢明で、冷静で、育ちがいいのです。わたしとは違います。

「地獄の底の底にいる人々だけに向かって唄をうたう者はもはやひとりもいない。けれども、天使の唄というのはそういう唄なのだ」とあなたは言っています。

不安、わたしは不安についての記事を書くつもりです。タイトルは『不思議な贖罪』（一九二一年二月二十五日付『トリブナ』紙に掲載）で、あなたのことや、あなたの不安やあなたの大切な病気についてもふれるかもしれません。

フランツK、わたしはあなたの贖罪の天使になりたいのです。

あなたへの想いを抱いたまま食事に出かける

ミレナ

＊

そろそろベッドに入ろうというときになって、またもやあなたに話したくなりました。

たぶんあなたは〝なぜ彼女はエルンストと別れられないのだろう？〟と思っているのでしょう。それはきっと彼女がかつて彼を熱愛して、いまでもまだ別れるには愛しすぎているからだと思います。たとえ彼が彼女に対してひどい扱いをして、浮気をしたり無節操だったりしても、彼女は別れられないのです。彼女はできれば自分も平気で浮気ができるような人間になりたいのですが、それは不可能なのです。

もしもわたしが彼と別れることになれば、わたしは自分自身の一部を捥《も》ぎ取られたように感じるでしょう。それは剝ぎ取られ、引き裂かれることなのです。

わたしを愛しているならば、友だちとして振る舞ってください。我慢してください。

彼はわたしの体を所有しているけれど、あなたはわたしの魂を所有しているのです。


いつか、わたしは有効なパスポートを持って、列車に乗る決断をするでしょう。そして、あなたの前にいきなり現れるでしょう。嵐みたいに家具の下まであなたを捜しまわるでしょう。暴風みたいにあなたを持ち上げて、運び去ってしまうかもしれません。なにも怖がることはないのです。わたしはとても強いのです。なんといっても、駅で荷物を運んだりしているのですからね。あなたがくずれ落ちて、意識を失うことになるとしても、それはわたしの体の上でのことになり、あなたはわたしがどんなにふかふかしているか知ることになるでしょう。わたしはとても軽いあなたという人を、あなたの息を、あなたの魂をそっと抱きしめるでしょう。

あなたのミレナ

一九二〇年七月九日、ウィーン

親愛なるフランツK、

エルンストは嫉妬しています。ユーリエも嫉妬しています。けれども、わたしたちのあいだで起こっていることで、ふたりはなにひとつ失っていないはずです。もっとも、ユーリエにとっては、もしも彼女があなたを失うことになれば、そうではないことになりますが。でも、それは彼女があなたをほんとうに自分のものにできなかったからなのです。彼女はあなたが好きなのだから、それは悲しいことだけど、あなたが彼女なしでもやっていけるのなら、彼女と結婚するのは不可能だということでしょう。エルンストは嫉妬しているけれど、わたしたちの関係は彼からなにひとつ奪っていません。それどころか、ときには、幸せそうなわたしを見たり、あなたの愛で、ほとんど神聖なくらいの愛で、彼にも余波が及んでいるほどのとても純粋な愛で、わたしが光輝いているのを見たりしているのだから、わたしを以前よりよい状態にしてくれているあなたに感謝してもいいはずです。あなたはわたしを花ひらかせてくれました。あなたが生きていると知ることは、深みのある、苦しいけれど、限りない善意にみちた世界がわたしの眼前にひろがることなのです。あなたはわたしをひろげ、わたしをきれいにしてくれます。あなたとおなじように、限りなく人間的で、壊れやすく、傷つきやすく、そしてあなたとおなじように、力強くしてくれるのです。

ミレナ

追伸
お金を融通してもらいたいと思っています。ラウリン〔アルネ・ラウリン(一八八九―一九四五)。チェコのユダヤ系ジャーナリスト〕を通じてそうしてもらえるとありがたいです。

一九二〇年七月十日、ウィーン

フランク、あなたの最近のマダム・クラマー宛の手紙をきょうになってようやく読みました。毎日イェセンスカー宛の手紙が来ていたので、郵便局の窓口の係にもマダム・コーラーにも、マダム・クラマー宛の手紙が来ているかどうか訊ねる考えが浮かばなかったのです。

きょうはひと言だけにしておきます。わたしはとても疲れています。ウィーンでは、わたしがどんなにあなたを愛しているか、あなたが生きていることがわたしにとってどんなに大切なことかを十分に表現できなかったような気がしています。すべてが憂鬱ですが、あなたが心配しないようにこの手紙を書いています。わたしの夫については、そう、あなたの言うとおり、わたしは彼が好きですが、でも、フランク、わたしはあなたも好きなのです。

わたしはいまグリルパルツァー[*7]の『ウィーンの辻音楽師』〔原注7参照。フランツ・グリルパルツァー（一七九一―一八七二）の『ウィーンの辻音楽師』は一八四八年に刊行〕を読んでいます。彼はあなたが言うほど甘ったるいとはわたしは思いません。あなたはグリルパルツァーにはとてもきびしいですね。あなたにとっては彼はもはやなんの意味もないとあなたは言ったけれど、わたしは彼が大好きです。とても感動しています。でも、疲れきっているときには、わたしはなんにでも心を揺り動かされてしまうのです。

あなたのことを考えている、

ミレナ

一九二〇年七月十一日、ウィーン

きょうは日曜日、目を覚ますと、すぐにあなたが頭に浮かびました。羽根ぶとんのなかでうとうとしながら、目を閉じたままでしたが、あなたの姿がはっきりと目に浮かびました。あなたはメランのバルコニーにいました。わたしは窓をあけて、日曜日の落ち着いた静かな街に耳を傾けます。小鳥の鳴き声が聞こえ、わたしはあなたのバルコニーにいます。わたしは日曜日は一日中あなたといっしょにいたいのです。外での朝食。それから、長い散歩に出かけます。路面電車で街から出て郊外へ、さらにもっと先へ。あなたからケーブルカーのことを聞いたので、それを想像して何時間も過ごします。ゆっくりと歩きながら、あなたは息を吸い、満足そうで、わたしの手をにぎっています。わたしたちの肩がふれ合い、わたしは自分で選んだドレスを着ます。ドレスがあなたの気にいれば、わたしはそれがきれいだと感じるのです。

さあ、もうはっきりと目が覚めました。起きて、朝食を取りにいきます。ひとりならいいのだけれど。つまり、あなたと、あなただけといっしょなら。そのあと、街に散歩にいきますが、ひょっとするとノイヴァルデック〔ウィーンの中心地から見て北西に位置する郊外〕まで足を延ばして、森にさまよい込むかもしれません。あしたの記事のためのテーマが必要なのです。わたしはあなたのために書きます。たとえたいしたものではないとしても、つまらない雑文でも、あなたが読んでくれると思うとうれしいのです。それもまたわたしたちがいっしょにおなじものを見ている時間になるのだから。できるだけ軽く、気まぐれで、やさしさにあふれるものにして、あなたの一日が明るく、楽しくなるようにしたいと思います。あなたを頬笑ませるようなものを書きたいのです。わたしがどれだけおどけられるか見せてあげたい。あなたに冗談を言ってみたい。わたしは冗談を言うのがとても下手で、いつも最初にオチを声に出して言ってしまうのです。猫と鬼ごっこをするみたいに、わたしはあなたと話をしたい。わたしはよく猫と鬼ごっこをするので、いまでは猫はわたしの姿を見たとたんに家具の下に隠れ、わたしがそばを通るとふいに出てきたりします。猫も笑うことができるのだとわたしは思っています。もちろん、怒るのも得意ですが。わたしは猫をからかうのが得意なんですよ。

ここまでにします、もう行かなくちゃ。
（ベッドの下に隠れて、あなたを待ちます）
郊外のミレナ

*

フランク、日が沈み、きょうの一日に疲れきって、わたしはまたあなたのもとへ、わたしの机に戻ってきました。わたしの一日の物語があなたを頬笑ませるかどうかはわかりませんが、約束どおりお話しすることにします。けさ、郊外へ向かう途中、カフェ・トロカデロの前を通りました。そこで、銀行の支店長を思わせる、いかにもいい父親ふうの年配の紳士——燕尾服にシルクハット——が小鳥みたいに軽そうな混血の娘と踊っていました。剝きだしの脚にパンプス、とても短いかわいらしいスカートを穿いた若い娘は、落ち着きはらったその男性にリードされて、その腕のなかで紙切れみたいにクルクル旋回していました。ふたりの動きはパワフルで、余裕があり、ゆったりとしていて、熟達していました。それを見ているうちに、わたしは自由な生活が、光が、笑いが、陽気さが欲しくなりました。パリやローマに行って、ナイトクラブを渡り歩きたくなったのです。そういう悦楽のなかに飛びこみたいという気持ちのまま、わたしは山へ行って、たっぷりと空気を吸いました。満ち足りた、天気のいい一日でした。帰り道で、ココアを飲みたくなったので、ちょっとうらぶれているけれど気にいっている小さなレストランに寄りました。お金持ちが来るような店ではなく、わたしにはそれがよかったのです。しばらくすると、アルコーヴから叫び声や怒った声が聞こえました。男と女が言い争う、野蛮な罵声が洩れてきたのです。首を伸ばしてみると、けさがたとても優雅に踊っていたふたりのダンサーが取っ組み合っているのでした。ふたりとも惨憺たる顔をして、衣装は見るも哀れなほどボロボロでした。彼らはカーテンを引きましたが、殴打する音や怖ろしい罵り声が聞こえました。

以上。

一九二〇年七月十二日、ウィーン

あなたのことを考えていると、あなたの手紙を読んでいると、フランク、いつも、何と言えばいいのかわからない、大きなうねりみたいな、強烈な感情が体のなかに湧き起こって、わたしを包みこみ、わたしをギュッとつかんで、沈みこませたり、押し上げたりします。苦しい歓喜がわたしの胸に、はらわたに沁みわたって、わたしを動転させるのです。それはノスタルジーかもしれません。あなたは夢に見た故郷《くに》、一度は手をふれたけれど、前もって失われている、大好きだった、とても親しみ深いのにとても遠い故郷なのかもしれません。心はひとつで、ばかみたいに夢中なのに、肉体は不在で、切り離されています。その裂け目、深い淵、眩暈。けっして決着することのない愛の強さ。それは愛なのでしょうか？　存在からあふれ出るように涙がこみ上げてきます。言葉に何ができるのでしょう。あなたは知っているけれど、あまりにも多くのことができるのです。たがいに相手を欲しがっているのを知り、それを受けいれること。けれども、わたしたちのあいだの距離を縮めることはできないのです。たとえウィーンでのあの四日間みたいに、わたしたちの体がひとつになったとしても、結合は不可能なのです。惹きつけ合う力があまりにも大きく、わたしたちの手に負えないのです。だから、けっしてわたしたちにはなりえないのです。わたしは別の場所から手紙を書くあなたを愛し、あなたもおなじわたしを愛している。昨夜は、雷雨が空を揺るがしました。あなたの手紙がわたしにどんな効果をもたらすか想像してみてください。

それなのに、わたしたちがひとつ屋根の下で、平凡な日常を送るとすれば……。わたしは料理が下手で、火にかけたことをすぐに忘れたりするのです。もう二度も家で火事を起こしかけました。わたしはあなたのお母さんのようにあなたが眠るのを見守ったり、あなたが大好きな中国の怪談話に出てくる炉端のコオロギになったりすることはできないでしょう。

夜のうちは、いいえ、もちろん、わたしはあなたを救うにちがいないと思うのですが、朝になって、冷静に考えてみると、そうではなくて、あなたを火事で殺してしまうにちがいないと悟るのです。

それでも、わたしたちのあいだに火があるかぎり、わたしはあなたに手紙を書きつづけたいと思います。

ミレナ

追伸
新聞社から戻ったところです。向こうでラウリンに会いました。彼はわたしの原稿料に加えて、あなたが送ってくれた金額を渡してくれました。ほんとうにありがとう、わが親愛なる友人、フランツ・カフカ様。これで食べていけるので、あれこれ悩まずに、自分の記事に専念できます。あなたのおかげでエルンストとの口論も少なくなり、ほんとうに助かっています。あなたは天使です。

一九二〇年七月十三日、ウィーン

フランク、昨晩、わたしは出かけました。街を横断しました――街から出ました――空気が必要だったのです。わたしは山に行きたかったのです。歩きにくい場所を歩いて、くたくたになって、苦労して頂上までのぼって、パノラマに身を浸したかったのです。けれども、今回は、頂上に着いてみると、果てしない空虚が待っているだけでした――そこにあなたはいなかった――わたしは存在しなかった――わたしたちの物語は不可能なのです。考えられないのです。そこで行き止まりでした。それからというもの、何を見ても涙がこぼれました。帰り道、涙で濡れた目のまま、わたしは霧のなかをさまよい歩きました。人生がこんなにも期待外れで、窮屈で、無価値なら、生きていて何になるでしょう？　エルンストはいませんでした。そのほうがよかったのかもしれないけれど。彼はいつもいないし、わたしを理解してくれません。わたしを理解してくれるのはあなただけだけれど、あなたの生活はあまりにも苦しみに満ちているので、わたしはそれにさらに自分の苦しみを付け加えることはできません。わたしは横になって、薬を飲み、意識の外側に逃げ出しました。悪夢みたいな夢を見ました。わたしは深い穴の底でとてもとてもとても苦しんでいたけれど、同時に、あなたに地獄で会えるかもしれないと思ったりもしていました。

＊

けさ、すこし眠ったあと、たったいまあなたの七月十日土曜日付の手紙を受け取りました。わたしのためにあなたが不幸になってほしくありません。わたしが望んでいるのは善良さと美しさだけです。わたしがあなたを愛していることをあなたは疑うべきではありません。わたしはあなたを疑うことはありますが、あなたへの自分の愛を疑ったことはありません。それはあまりにも大きすぎるので、おなじくらい愛されるのは不可能だと思うので、だからあなたを質問攻めにしたり、あなたを捜し求めたり、証拠を欲しがったりするのです。わたしの愛情については、あなたは完全に安心して、保険協会の生真面目な勤め人みたいに書きはじめてほしいと思っています。

わたしも挫《くじ》けることがあるのをあなたは知っているでしょう。浸水した小舟みたいに沈んでしまうことがあるのです。わたしの川の、荒れ狂う海の底に宿る重たい小石であるあなたは知っているはずです。わたしが遭難することもあるということを。もしもそれがあなたを苦しめるなら、あなたには知らせないでおくべきかもしれないけれど……。でも、底まで沈んだら、わたしは一蹴りして、また浮き上がります。幸いなことに、けさはマダム・コーラーがいて、そういうときには、彼女がわたしの面倒をみてくれるのです。わたしたちには儀式があります。彼女はおしゃべりをして、わたしがベッドを出るまでしつこく攻撃し、元気いっぱいの声でわたしを鞭打つのです。彼女が窓をあけたので、わたしは目をあけて、世界を見まわしました。そして、あなたのことを考えると、あなたは存在していたので、わたしは電光石火の勢いで浮上しました。あなたはそのとき電気が流れるのを感じましたか？　いまやわたしは元気いっぱいで、この目で貪るように世界を見つめています。舟は水面に浮かぶように、ひとりでに体勢を立てなおすようにできているのです。竜骨《キール》にしっかりと錘《おもり》をつけ、帆をひろげて、わたしはあなたの領海に入っていきます。あなたがずっとわたしのすぐそばを航行しているときは別ですが……。わたしがもう二度と自殺しようとはしないことをあなたは知っているはずです。わたしはこども時代と思春期を卒業し、いまでは、たとえ溺れかけることがあっても、それが一時的なことを知っています。わたしはアエネアス〔古代ローマの詩人ウェルギリウスの叙事詩『アエネイス』（前一九年、未完）の主人公。ギリシャ神話、トロイの英雄。冥界訪問の場面がある〕みたいに地獄に下りて、偉人や男女の英雄たちに挨拶したり、エウリュディケ〔ギリシャ神話、オルフェウスの妻〕とおしゃべりしたりするのです。

わたしは靴屋さんや運転手、パン屋さんや露天商とおしゃべりするのが大好きです。きのうも駅で、大声で乗り換え案内をしている女性の駅員に話しかけたくて仕方ありませんでした。なんだかまぶしいほど輝いていて、わたしはすっかり惹きつけられ、五分だけですがうっとりとして、友だちになれたらと思いながら、彼女が動きまわるのを見つめていました。とても忙しそうだったので、実際には話しかけられませんでしたが、まるで罠にはまったかのように、彼女の近くに立ち尽くしていました。たぶん頭のおかしい女だと思われたでしょう。でも、地獄に下りていた長い夜のあいだに、エウリュディケがわたしを慰めてくれました。地の底でエウリュディケはとても元気でした。というのも、孤独は理想的な状態だと気づいたからです——わたしとおなじように、彼女もだれも知らない場所に、だれも捜しにこない場所にいるのが好きなのです——オルフェウス〔ギリシャ神話の詩人、楽人〕は別ですが、彼は彼女の救助に失敗しました——だから彼女は地獄にいたのですが——ひとりでいるのが好きなのでした。それは、ある意味では、ほんとうの意味で彼といっしょにいることだと知っていたからです。自分の想いのなか、唄のなか、声のなか、記憶のなかに彼がいて、それはものすごく大きなことでした。詩人の記憶は非常に生き生きとしたものなのです。そう、あなたもよく知っているでしょう、親愛なる千年の記憶さん。

地獄のミレナ

追伸

わたしの記事『窓』〔一九二一年九月二十七日付『国民草紙（ナロードニー・リスティ）』紙に掲載〕を送ります。

一九二〇年七月十四日、ウィーン

親愛なるフランツK、

けさは手紙がありません。わたしは燃えさかる炭火の上に立たされている気分です。待つために手紙を書いています。なにかに取り憑かれたようにただ待っているということ以外、なにも書くことがないとしても。すでに二度、郵便物がないかどうか、マダム・コーラーに訊きにいきました。きょうは市場が立つ日なので、彼女がけさ郵便局に行ったことを知っているからです。見下すような目をして、彼女はちょっぴり意地悪そうに言いました。「あら、ないわ、あんた宛の郵便物は。大切な手紙でも待っていなさるのかい？」彼女はあなたの筆跡を知っていて、わたしがどんな手紙のことを言っているのか先刻承知しているのです。わたしは穏やかで忍耐強くあるべきだとは思うのですが、この愚かで、間抜けで、意地悪な女は――心ならずも、わたしはこの人が大好きなのですが――たいていの犯罪は心ならずも犯されるもので、こういう無頓着さのほうがもっと悪いのだけれど――ときどき何時間もわたしに手紙を渡すのを遅らせることがあるのです！　あさの買い物をするとき郵便局に寄るので、それが遅くなることはけっしてないのですが、わたし宛の郵便物を受け取っても、家に戻ると、アパートに上がって、掃除をしたり、料理をしたり、そのあとはなにもしなかったり。テーブルにはなにも置かず、わたしにもなにも言わないのです。わたしは待ちくたびれて苛立ってきて、とうとうこちらから訊ねると、彼女はすこしも悪気はなかったかのように言うのです。「ああ、そうそう。郵便物があったわ！　忘れていたけど！」と、面白そうに笑うのです。そして、わたしが憤激して顔面蒼白になると、もっと大笑いするのです。あなたの手紙がなければ、わたしは死んでしまうことを知らないのでしょう。飲み水がなくなったみたいに、血管を流れる血が干上がってしまったみたいに、火も、言葉も、イメージも、魂もなくなってしまったみたいに。それなのに、彼女は面白そうに笑うのです。そして、わたしを頭のおかしい人間扱いするのです。頭がどうかしているのは彼女のほうなのに。

　もう一時間経ったので、階下に行って、もう一度訊いてみます。ひょっとしたらということもあるので。

＊

そう！　そう！　そうです！　手紙があったのです。わたしがひどく興奮していたので、彼女はとうとう渡してくれました。宛名がマダム・コーラーだったので、わたしがマダム・コーラー宛の手紙はないかとは訊かなかったから、はっきりそうと訊かれるまで待っていたというわけでした！　彼女の頭のなかがどうなっているのか、わたしにはかならずしも理解できるわけではありません。あきらめます。人はあまりにも奇妙すぎるからです。
手紙はここまでにして、あなたの手紙を読みます。では、またすぐに。

頭のおかしい女、ミレナ

追伸
墓地にわたしの弟〔ミレナが三歳のときに生まれた弟イェニーチェク。六カ月で早世〕のお墓を見にいってもらえますか？

*

フランク、
あなたがスタシャについて言っていることでわたしはひどく傷つきました。どうしてあなたが、彼女と会って、話をして、あなたの言う天上の光を認めながら、次の瞬間、彼女を断罪して、地獄行きを宣告できるのでしょう？　彼女がわたしのいちばんの親友で、けっして離れられない幼友だちであり、ギムナジウム・ミネルヴァでも彼女といっしょに学び、いっしょにいろいろでたらめをやったことを知りながら、どうして彼女はどうしようもない人間で、なんの面白味もなく、石のように冷たいなどと言えるのでしょう？　わたしの母が病気だった長年のあいだ、わたしを支えてくれたのは彼女で、母が亡くなったときわたしを受けいれてくれたのも彼女でした。彼女のおかげで、わたしは孤児にならずに済んだのです。こども時代の終わりにわたしが悲しみで死んでしまわなかったのも、彼女のおかげだったのです。あなたがとても冷たく言い放ったことはわたしの胸をむかつかせ、わたしはほんとうに吐きそうになりました。あなたはこういうすべてを知らなかったのかもしれませんが、でも、理解してくれるべきでした。スタシャはわたしの一部です。彼女の温かさや明るさは消えていないし、彼女の夫によって消されたなどということはありえません。あなたは疲れきっている彼女を見たのでしょう。そうです、そうに決まっています。彼女は双子を産んだばかりで、授乳している最中なのですから。一度にふたりのこどもたち、それが体にどんなに負担になるか、あなたに想像できますか？　死んでいる、とあなたは言うんですか、この女《ひと》が？　死んでいると！

MJ

一九二〇年七月十五日、ウィーン

フランク、わたしの友だち、わたしの恋人、わたしの心の友、わたしの虫、わたしは極端に疲れています。スタシャについてあなたが言ったことにあんなに激しく反発したのはそのせいでした。勢いに任せて手紙を投函してしまいましたが、すこし休んだいまになって、あなたを曲解したことを激しく後悔しています。すぐに仲直りしたいです。わたしたちのあいだが不和になることには、あなたと切り離されることには、わたしは耐えられません。わたしはあなたの声を聞く必要があるし、あなたの手がわたしの額にふれて火を鎮めてくれるのを感じたいのです。

気持ちを落ち着けるために、グリルパルツァーの『ウィーンの辻音楽師』をすこし読み返して大泣きしました。いまはその涙で洗われた気分です。スタシャについてあなたが言ったことになぜあんなふうに反応したのか考えてみました。その結果わかったのは、自分のなかのすべてがどんなに深くこども時代に、こども時代の際限のない苦しみに根差しているかということです。こども時代というのは、大人が考えているような、幸福な天国ではありません。あなたも知っていると思いますが、それは試練の、苦難の、変身の時代なのです。絶対への渇望の時代、自分自身から自分を引き剝がすように、そこから自分を引き剝がさなければならない時代です。わたしをそこから脱出させてくれたのがスタシャで、わたしはなにがあってもそこに戻りたいとは思いません。たとえいろんな冒険があり、大歓喜や恍惚とする瞬間があったとしても、そういうものを抜け出して、大人になるほうが千倍もいいと思います。いまのように、たとえ別の苦しみに入れ替わるだけにしても、苦しみにはいつか終わりがあると知っているほうが。いまでは、わたしは自分が自殺することはないのを知っています。こどものときは不幸で、それが永遠につづくと思っていたけれど、現在では、永遠につづくものはないことを知っているからです。ただし、わたしたちの愛だけは別ですが！　わたしは絶対への渇望を癒すための自殺という考えにもはや惹かいかれることはありません。わたしは強くなったのです。自分の心がこれ以上大きく変わることはないと思っています。それは悲しいことかもしれないけれど、こんなふうに相対的に安定しているからこそ、わたしはまだ生きていられるし、あなたを愛せるのです。

ここまでにして、眠ろうとしてみることにします。

あなたのミレナ
ぬくぬくと暖まりながら

一九二〇年七月十六日、ウィーン

フランツツツツ、フランククククク、

「わたしは彼が好きですが、あなたも好きなのです」というわたしの言い方があなたを困惑の淵に沈めたというのは理解できます。けれども、わたしにはほかの言い方はできません。どちらも愛なのですから。嫉妬する必要はないのです。わたしにも気持ちはわかりますが。というのも、わたし自身ときどき、この暴力的な怪物にとらえられることがあるからです。たとえあなたが彼女を愛していないと頭ではわかっていても、ユーリエという名前がわたしに火傷を負わせるのです。その火が世界中にひろがって、森が燃えだしたとしても、わたしにはどうすることもできません。わたしはあなたに関係のあるすべてに嫉妬します。あなたの机に、紙に、あなたのペンに、あなたが作成する書類に嫉妬するのです。わたしからあなたの時間を盗み、あなたの注意を盗むからです。わたしはあなたが読む本に、あなたの本棚に、あなたが手に取って魂を委ねる愛読書に嫉妬します。わたしはあなたにも嫉妬します。なぜならあなたはあなたと、彼といっしょにいるのに――わたしはここに止《とど》まっているからです。わたしはミレナに嫉妬します。あなたが愛しているのに、けっしてそうとは言わない彼女に。あなたが頭に思い浮かべる彼女に。わたしはあなたが目を留めるすべてに、あなたがいつも通る道の、舗道に落ちていてあなたの靴底にへばりつく野菜の皮にさえ嫉妬します。あなたがその目で見たからです。わたしは自分が書いている言葉に、この手紙に――あなたがそのなかに寝そべって、森のなかでのように過ごすだろうこの手紙に嫉妬します。わたしはあなたの好きなドレスに嫉妬し、それを見つめながら泣きだします。怖いのです。それが二度とあなたを見ることがないかもしれないのが怖いのです。それがあなたの服とふれたことに嫉妬します。わたしはあなたのシャツに、あなたの帽子に嫉妬します。

あさ目を覚ましたときあなたの手紙が来ていないと、フランK、こういうことが起こるのです。

それから、わたしは理性を取り戻します。わたしがあなたに送る若い娘はあなたの助けを必要としています。どうかきちんと応対してやってください。彼女はわたしかもしれないのだから。

一九二〇年七月十七日、ウィーン

人を愛するとき、フランK、わたしは両腕を思いきりひろげて抱きかかえます。あなたも言ったように、わたしは海なのです。わたしには果てしない水平線と猛り狂う波が必要です。海底の冷たさが要るのです。それにはあなたはぴったりです。はちきれそうな太陽や、とても高い頂《いただき》や、ひどく深い淵も必要で、わたしは頂で釣り合いを保って、落ちそうになりながらも、空に支えられているときにしか落ち着けないのです。わたしは過剰そのものです。ときには泣いて海をあふれさせるかと思うと、ときには喉を渇かせて呑みこんでしまいます。そのうえお腹も空かせるのです。わたしたちはあまりにも違います。あなたには耐えられないのがわかっています。あなたが耐えられないのが怖いのです。ときには、夜、わたしはお酒を飲んで、幻覚が起こるほどの絶望に呑みこまれますが、あなたがいることはわかっています。わたしは節度ある人間になりたいし、あなたのために、あなたの生のためにやさしくなりたい。あなたの確かな息づかいになりたいのです。

M

＊

フランク、あなたにいつか話した不安についての記事の一節を送ります。『不思議な贖罪』というタイトルです。そのなかで、わたしは三つの不安についての物語を語っていますが、そのなかのひとつはあなたのものです。あなたがわたしの書くものはすべて読むことを知っているし、あなたのことを話している記事なので、公表される前にあなたに差し出すのです。こういうのはあなたには迷惑ですか？

これがその記事です。

ねえ、こんなことがあったことはありませんか？　夜、横になっているとき、恐怖と苦痛で金縛りになって、暗闇のなかで天井を見上げていると、ふいに上の階のどこかで、こどもが泣いている、あなたの代わりに泣いているということが？　劇場で、あなたの代わりに、人々が死んだり、戦ったり、唄をうたったりしているということが？　見たことはありませんか？　地平線の上のほうに、あなたの代わりに、小鳥が翼をひろげて、静かに、幸せそうに飛んでいて、それが遠くのほうに姿を消し、それっきり戻ってこないということが？　あなたが苦しみから解放されるのにちょうど必要な歩数だけ歩くことができそうな道を見つけたと思ったことが？

世界がわたしたちを助けに来てくれるとわたしはかたく信じています。いつ、どんなふうに、何を通じてかはわかりません。思いがけないときに、ただすっと、わたしたちを哀れんで来てくれるのです。ときには、救われることが苦しみそのものとおなじくらい苦痛なこともあります。わたしは肺を病んでいる人を知っています。背が高く、痩せぎすで、尖った角張った顔をしていて、意地悪ですが、信じられないほどいい人です。彼は自分の病気についてこんなふうに言っています。「頭が心配や苦痛に耐えるのにうんざりして、自分たちを助けてくれるものを探しだしました——すると、そこへ肺が身代わりになろうと申し出たのです。わたしはその病気がわたしの命を救ってくれたことを知っています。しかし、わたしが知らないうちに行なわれた、頭と肺のあいだのこの取引はじつに怖ろしいものだったにちがいありません」異世界からやってきた奇妙なお伽噺だと思うかもしれませんが、これは生きることと苦痛についての真実なのです。ここでは病気になった肺が罪を贖《あがな》う役割を果たしたのです。いいえ、驚くことではありません。驚いてはいけないのです。むしろ涙を流すべきでしょう。両手で頭を抱えて、人生を熱烈に愛さなければなりません。あまりにも熱烈に愛した結果、人生がやさしさをたたえたものになり、その不幸が贖われるようになるまで……。

一九二〇年七月十八日、ウィーン

わたしはあなたを愛しています。苦しんでいます。永遠にあなたを愛するだろうとわかっているので、自分のすべてをあなたに捧げられないことにとても苦しんでいます。ものすごく不幸で、死を前にした生のように絶望しています。あなたは死を自分のなかに取り込んで、すでにその向こう側にいます。だからこそ、わたしはすでに向こう側であなたを愛しているのですが、こちら側であなたに身を委ねられないことでひどく苦しんでいます。わたしはあなたにこれ以上待つようにお願いすることはできません。それは不正直なことで、わたしはそうしたくはないのです。たとえわたしたちが自由だとしても、わたしはエルンストを裏切りたくありません。わたしは完全にあなたのものになりたいけれど、それはもうひとつの世界でのことになるでしょう。わたしはすでにもうひとつの世界にいて、はるかに広いその世界では、全宇宙に肉体が存在しているのです。

フランZ・カフカ
フランツ・K
フランK
FK
わたしの目はあらゆる場所にこの二文字を見つけようとします。街路や、壁や、市電の車輛や、新聞の広告のなか、至るところでそうしようとするのです。それが見つかるまで、わたしは息を詰めていたりさえするのですが、そのあいだにもわたしの心の底では生と死と結びついた、何とも言いようのない願いが生まれます。すべてがわたしをあなたに結びつけ、すべてがあなたのことを語っているのです。なにかの記事にあなたのことが出るたびに、それはあなただけれど、あなたではありません。わたしの知っている、わたしのなかでうごめいているあなたではないのです。あなたはわたしの心の奥底にしか存在しないのですが、だれもそれを知りません。新聞社で、あるいは友人たちといるとき、わたしはわざとあなたが話題になるように仕向けます。「えっ、だれのこと？」などと言って、あなたの名前を繰り返させ、とても舐めたかったバターを舐めたあと舌なめずりをしたけさの猫みたいに、その名前が繰り返されるのを楽しむのです。けれども、あなたが物を書き、ほかの人たちがあなたのことを考えるとすれば、それはあきらかにわたしの外側にあなたが存在する証拠です。わたしは頭がおかしいわけではありません。でも、わたしはやはりおかしいのです。なんといい気分で、なんとむずかしいのでしょう。これは永遠につづく、と同時に、けっして一度も起こらないことでもあるのです。

ふたりであることの歓喜と苦しみの絶頂、かつてなかったようなかたちであなたと結びついているという感覚、わたしたちの魂はひとつに融け合い、それからすぐまた、わたしたちの体は離ればなれになります。わたしがあなたのもとに行くのは不可能だからです。

プラハのミレナ

一九二〇年七月十九日、ウィーン

不安があるのは当然です。愛と危険。「どんな信仰にも不安がつきまとう」とあなたは言います。どんなことを実行するときにも、どんな野心にも不安は付きものですが、愛の場合にはなおさらです。というのも、自分の心を他人に委ねるなんて狂気の沙汰だからです。あなたは、若いときから病気になってそうしてきたように、自分という存在を不安や死に委ねるほうがいいのか、それとも、だれかほかの人間に委ねるほうがいいのでしょうか？　あなたがお父様やお母様にそうしようとしたように――それは失敗でしたが――、あるいは、ふつうの婚約者に？――それも失敗でしたけれど。あるいは、いつでも受けいれる気でいるわたしに？　それを自分のものにして、自分ではどうしようもない愛によってそれを包みこもうとするわたしに？　そう、それは信頼の問題なのです。愛は信じること、他人を信頼することでしかありません。それで何を失う怖れがあるというのでしょう？　あなたの病気？　あなたの不幸？　わたしに委ねてください。たとえわたしが神ではないとしても。いいえ、わたしが神ではないからこそ、わたしが人間的で、誤りを犯しやすいからこそ、なおさらそうしてほしいのです。というのも、いろいろ言ったりはするけれど、わたしはそういう人間でしかないからです——たとえ心の底から出た言葉だとしても、すべてを信じたりしないでください——あなたの心に耳を傾け、あなたの愛という大いなる贖罪のことを考えてください。わたしに、それに身を委ねてほしいのです。自分を捨てて、身を委ね、すべてを任せてしまうのです。それはけっして寄生することではありません。わたしがあなたの宿主《オート》になります。ギリシャ人にとっては、オートには二重の意味があり、迎え入れる者でもあり、迎え入れられる者でもあるのです。あなたが迎え入れられることを受けいれて、わたしのなかに宿ることになれば、わたし自身もあなたのなかに宿ることになり（わたしがあなたを翻訳するとき、わたしはあなたのなかにいます）、わたしはそこで翼をひろげ、あなたという人を、あなたの深い精神力を、あなたの深い意志の力を、あなたの深い生への欲求を自分の血と肉にするでしょう。たとえあなたが何と言おうと、死の瀬戸際にいて、絶えず死と向き合っているあなたの生き方は、生への執着の深さを物語っています。わたしがいままで付き合った人たちのなかで、あなたはいちばん生き生きした人です。いちばん奇妙な人でもあるけれど。わたしの洋服箪笥になりたいなどと言うのですから……。ベートーヴェンのいちばんの親友は部屋の片隅に置かれていた古い巨大な箪笥だったと言われているのを知っていますか？　箪笥を愛するなんて頭がどうかしていると思います。あなたが、わたしの箪笥になるなんて！　わたしはそうなったところを想像しようとします。もちろん、わたしの箪笥には、ほかのすべての部屋とおなじように、鏡が二枚付いています。わたしの箪笥はわたしの鏡なのです。あなたには初めから裸になっているわたしが見えるでしょう。それ以上のものさえ見えるかもしれないけれど……それは何でしょう？

では、そういうことならば、あなたがあまり変な考えを起こさないように、わたしは写真屋に行って、あなたにわたしの写真を送ることにしましょう。

わたしたちがおなじ街に、おなじ地面の上にいて、おなじ空気を吸うことになれば、そういうよくない考えは起こらなくなるでしょう。肉体の存在ほど人の気分を落ち着かせるものはないのですから。わたしたちは人間という動物であり、肉体の存在を無視してできることはなにもないのです。もうしばらくの辛抱です。わたしはまもなくパスポートを受け取れるはずです！

まもなくプラハのミレナ

追伸１

わたしの父かラウリンに頼めるので、お金は送らないでください。

追伸2

パスポートを受け取りに行きました。わたしはあなたのところへ行きたい、あなたといっしょにいたい。わたしはすでにあなたのものですが、なにかそれに抗うものがあります。わたしの体が抵抗するのです。でも、約束したので、待っていてください。

一九二〇年七月二十日、ウィーン

おお、フランク、わたしがどんなにばかか、あなたは知らないのです。でも、それはあなたのせいです。あなたがわたしの頭を狂わせるのです。それは自慢にはならないでしょう。言っておきますが、間抜けな女なんてすこしも面白くないのです。わたしにはまったくどうしようもない狂気の発作が起こります。いきなり感情が爆発して、たぶんそのせいで電気的な、神経的なショートが発生して、脳の一部に血が流れなくなるのだと思います。なぜなら心臓がすべてを、すべてを、すべてを要求するからです。じつは、こういうことがあったのです。けさ、わたしは郵便局の前にいました。いつものように、完全に頭のいかれた女みたいに。何を考えていたのか、だれのことを考えていたのかと言えば、もちろんあなた、あなた、あなたのことだし、なんにも、なんにも、なんにも考えていませんでした。考えることができなくなっていたのだと思います。そこへ、いきなり、ごく当たり前だけどとてつもないことが起こったのです。路面電車が現れて、そのとき何が起こったのかはわからないのですが、電車にあなたが乗っているのが見えたのです。背の高い痩せた人で、黒い帽子を被っていました。ワオ、それはあなただったのです。わたしは一瞬も疑いませんでした──念のために言っておくと、わたしは人の顔をよく覚えているほうではありません。ある日など、すっかり知っている人だと思いこんで、ある人に親しげに、心のこもったと言ってもいい挨拶をしたのですが、それはまったく知らない人で、たとえ知っていたとしても、そんなに親しげな挨拶をするような相手ではなかったのです。その人は「マダム、わたしはあなたを存じ上げませんが」と冷たく言い放ちました。わたしは人違いを恥じて、真っ赤になり、その場から逃げ出しました。あとでわかったのですが、その人はあなたの友だちのひとりに似ていたのです。あなたに関係のあることになると、わたしはまず間違いなく惹きつけられてしまいます──で、わたしは電車に乗っているあなたを見たのです。黒い服を着た背の高い男で、髪は黒、褐色の肌をしていて、帽子を被っているなんて、そんなにやたらといるわけではありません。それはあなたでした。わたしは喜び勇んで、すぐさま──そうしようと思ったわけでもないのに──体がひとりでに車道に飛び出して、有無を言わせずにタクシーを停め、さっと乗りこんで、映画のなかの台詞みたいに「あの電車を追いかけて」と言いました。心臓が早鐘を打っていました。電車が停まるたびに、わたしは降りてくる乗客を見張っていました。頭のなかでは、すべてが完全にあきらかで、筋が通っていたのです。あなたは妹に会うためにウィーンに来ているのだけれど、あなたからの手紙がまだ届いていないだけで、わたしたちは会うことになっている。だから、どうしても、いま、あなたをつかまえなければならない。運命がそうしろと言っているのだと。そのうち、あなたが電車から降りてきたので、わたしはタクシーから跳びおりて、あなたのほうに走り寄り、ゼイゼイ息をきらしながらあなたに面と向かって立ちました。すると、自分のばかさ加減にいきなり横っ面を張られたようなもので、それはあなたではなかったのです。似てさえもいないのでした。わたしはポカンと口をあけたまま、なにも言えずに立ち尽くし、その人は幽霊でも見たかのように、目を見ひらきました。そして、わたしが一歩さがってその人を通すと、彼は逃げるように遠ざかっていきました。わたしはようやく地上に舞い降りましたが、それはまるでコカインをやったあとみたいに、急激な降り方でした。あなたは麻薬をやらないから知らないでしょうが、ものすごい熱狂がふいに醒めるとき、どんなふうになるかは想像できるでしょう。わたしは救いようのないばかみたいに家に戻って、粉々になった自分のかけらをベッドに横たえたのでした。全身からすっかり力が抜けていました。

いま、わたしはベッドに寝ていなければなりません。貧血気味で、これ以上動きまわれないからです。あなたの言うことはすべてとてもやさしくて、とても美しい。わたしは深い森のなかで、あなたのそばにいる夜を夢見ています。昨夜、自分の部屋の窓辺で、わたしは耳を澄ましました。

よく聞こえるように息を止めて、フクロウの鳴き声に、その独特な、二音のメトロノームみたいな鳴き声を聞いていたのです。わたしはあなたといっしょでした。
でも、いまは、熱にやられて完全にぐったりしています。
わたしはどこまでもあなたのものです
これは引き裂かれているようなもので
もうこれ以上耐えられません
あなたのためならなんでもできますが
自分のためにはなにもできません

あなたのミレナ

一九二〇年七月二十一日、ウィーン

フランツK、あなたはわたしを奪い取り、空に舞い上がって、それから降下し、わたしが飛び立てるようにしてくれると言うけれど、わたしの体は重たくて、家庭的です。暴風が木を引き抜くようにはわたしを引き抜けないでしょう——さもなければ、わたしは死んでしまいます——あなたといっしょなら死にたいけれど。現実には、どうすればいいのでしょう？　わたしはあなたといっしょに生まれ変わりたい。でも、ここにある自分の根を断ち切れないのです。とても愛していたエルンストを。彼と縁を切ることは自分の一部を切り捨てるようなものだからです。
フランク、わたしを忘れてください。わたしはけっして自由の身にはなれないし、あなたを苦しませる権利もないのですから。わたしはあなたの人生に侵入すべきではなかったのです。あなたの執筆の妨げになっているとすればなおさらです。わたしの望みはあなたが強くなること、喜ぶことだけなのに。

一九二〇年七月二十二日、ウィーン

フランク、わたしはずっと元気になり、いくつかのことを決めました。わたしを滅ぼすだけのこのひどい薬をやめること。来月プラハに来てください。

あなたが。

ユーリエがどうしているか知らせてください。あなたたちのあいだはどうなっているのですか？

昨夜、フランク、眠れないでいるあいだに――そのあいだわたしはあなたのことを、わたしにとって大いなる謎であるあなたのことを考えていられるから、わたしはこの不眠の時間が好きなのですが――、わたしはあることを理解しました。あなたの手紙を読むたびに、わたしはあなたのことがもっとよくわかるようになりますが、それと同時に、また新しい謎が生まれます。だから、わたしはさらにもっと、もっとあなたのことを考えるようになるのです。わたしは大きな海に何度も何度も、息がつづかなくなるまで繰り返し飛びこみます。ウィーンで、あなたが物乞いの女のひとにお金をあげようとしたときのことを覚えていますか？　あなたは二クローネ銀貨しか持っていなかったので、お釣りが欲しいと言ったけれど、釣り銭はないと彼女が言うと、あなたはその歩道で動けなくなり、どうすればいいかわからなくなりました。それから、わたしからも言われて、あなたは二クローネをそのままあげて、その場を離れたけれど、しばらくするとまた立ち止まりました。そのくらい困惑していたのです。それは吝嗇からではありませんでした。わたしが頼めば、あなたはすぐにためらいもなく二万クローネでもくれたでしょう。あなたの誠実さがそういう振る舞いをさせたのだということを、フランク、そのときわたしは理解したのです。あなたはあの女のひとに多すぎる金額を与えたことを罪だと感じていたのです。与えすぎるのは正しいことではなく、あなたは適切なだけ与えたかったからです。でも、フランク、そんな振る舞いの意味を理解できる人はどこにもいないでしょう。あなたもそれは感じていたでしょうが、わたしは苛立ちを抑えきれませんでした。そんなことで貴重な時間が奪われたからでもあるけれど、わたしは利己的で、近視眼的で、あなたが必要としていることをすぐには理解できなかったからだし、そのとき、ひどく気詰まりで、恥ずかしい思いをしたからでもあり、その女のひとがあなたをケチな人、でなければ頭のおかしい男だと思っているような気がしたからでした。わたしもおなじような目であなたを見ていたのです。あなたは善行を施そうとしただけなのに。わたしに対しても、何に対しても、あなたはいつもおなじです。だから、わたしは言うのです。あなたは自分の好意や意図のなかにほんのすこしでも不作法なところがあるかもしれないと疑うと、完璧な態度からごくわずかにずれているだけでも、あなたにとってはそれが乗りこえられない障害に、落ち度に、罪悪になり、あなたは先に進めなくなり、あなたの目にはもうそれしか映らなくなるのです。でも、あなただって知っているはずです。人生は不完全なものであり、わたしたちの行為にはおおよそでしかないことや小さな誤りがいくらでもあって、生きていくためにはそれを大目に見るしかないということを。それなのにあなたはそういう汚点を許しがたいと考えています。

世間一般の人たちは盲目的にか、夢中になってか、楽天的にか、確信をもってか、悲観主義からか、現実主義からか、幻想を抱いているからかはともかくとして、小さな嘘や、妥協や、話し合いによる解決で生きています。それがわたしたちを護ってくれる避難所なのです（わたしは世間一般の人間のひとりです）。でも、あなたは、あなたには避難所がない。あなたは剝きだしで、丸裸で、純粋です。あなたが英雄だと言っているわけではありません。あなたの禁欲が英雄気取りとは縁のないことをわたしは知っています。それはもっと次元の高いものなのです。英雄主義はやはり嘘の一種です。あなたに禁欲を強いているのはあなたの洞察力であり、あなたの純粋さなのです。

けれども、わたしはそういう禁欲のなかでは生きていけません。フランク、わたしは理想的な人間ではないのです。わたしは肉と骨でできた女、わたしには肉体があり、観念の領域にとどまってはいられないのです。天使だって、出現するときには、自分の体をあらわにするではありませんか。

わたしの肉体の慎みのなさゆえに、わたしがあなたを怖がらせているのはわかっています。でも、思い出してください。ウィーンで、あなたが自分のなかに死ぬほどの不安が湧き上がるのを感じたとき、あなたはわたしの目を見つめ、ふいに息が詰まったときや足が痛むときみたいに、ほんのすこし待つだけで、次の瞬間には不安は消え去ったではありませんか。なんの努力の必要もなく、すべては単純明快でした。あなたはわたしのあとについて街の背後の丘に向かい、あなたのその重い足取りで、一日中、太陽を浴びながら、登ったり下りたりして、一度も咳《せき》をすることはなく、餓鬼みたいにガツガツ食べて、オオヤマネみたいに眠ったではありませんか。あなたはとても健康でした。わたしはあのときあなたといっしょにプラハに発つべきでした。そうすれば、あなたは幸せに生きられたでしょう。けれども、わたしはこの地上の人間のひとりで、自分の夫と別れられる状態ではなかったのです。とてもきびしい禁欲が求められるにちがいない生活に身を委ねるには、わたしは女でありすぎるのかもしれません。わたしはふつうの生活がしたいし、こどもも欲しいのです。わたしは空気のような存在にはなれません。あなたの助けになる掛け替えのない存在になるにはわたしは弱すぎるのです。それはわたしの責任で、あなたのせいではありません。

ふつうでないのは、どうかしているのはあなたではなくて、わたしであり、この世界全体です。全人類は病的で、あなただけが健全なのです。まともに理解し、感じているのはあなたひとりで、あなただけが純粋な人間なのです。世界についてのあなたの知識は、この地上の全住民のそれの一万倍もあります。

わたしは、世間のすべての女とおなじような、ごくふつうの女であり、本能の虜《とりこ》になっている哀れな女なのです。

ミレナ・J

一九二〇年七月二十三日、ウィーン

わたしは一本の木で、大地に深く根を下ろしています。わたしには土が必要なのです。わたしは枝葉をひろげ、小鳥たちの住処《すみか》になります。わたしは自由で、鷹揚です。あなたに惜しみなく木陰を提供して、あなたの避難所になるでしょう。

エルンストにも、あなたにも？

写真をありがとう、親愛なるＦＫ。この写真ではあなたがわたしを見ているのかどうかわからないけれど――正確にはいつの写真ですか？――あなたのなかにわたしがいると考えるのが好きです。このころからもう。わたしたちが手紙をやりとりする以前から、わたしがあなたを翻訳し、あなたがわたしに手紙を書く以前から。ここにいながら、ほかの場所にいるこの眼差し。すべてを知っている眼差し。すべてを見ている眼差し。わたしをつらぬき、揺り動かして、大混乱のなかに置き去りにする、悦びと希望への道をひらいてくれる眼差し。あなたは世界の、人間の、人類の絶望と不条理について語ります。わたしもおなじ意見だし、それがあなたの文章のなかでわたしが好きなところで、わたしは身も心もひとつになってあなたに付いていくのですが、そうしながらも、わたしは希望を、絶えず湧き上がる生命を感じるのです。あなたの大いなる自由。それでもなお、あなたは変わっていくことをわたしは知っています。それは錯覚にすぎないのかもしれません。自分の洞窟の壁に投射している映像にすぎないのかもしれません。でも、このあたのイメージはわたしにとってはドアのようなもので、それがときどきひらくのです。日に何度か。何度ひらくのかはもうかぞえていられませんが。わたしはそれを見にいって、隠し場所から取り出し、ドアがひらいていれば、また希望が湧いてきます。そのときは、すべてが、もっと別の人生が可能になるのです。わたしはあなたの目を見つめ、ウィーンでそれがとても明るい色をしていることに気づいたときの驚きを思い出します。カフェ・アルコで最初にお会いしたときは、九月だったし、暗かったので、煙の充満した湿った空気のなかで、あなたの目は黒っぽく見えました。ところが、ウィーンでは、夏の明るい灰色の雲の切れ間から射しこむ日射しのなかで、ふいに空とおなじ色になりました。空のひとかけらのようでした。あなたの内側がはっきりと見えたのです。それから、けさ、写真の前で、自分の机で、ベッドのなかで、すこしはあなたである簞笥の前で、おなじように目がくらむような思いをしたのでした。

感謝でいっぱいの
あなたのM

一九二〇年七月二十四日、ウィーン

そうです、フランク、闘いはわたしの内側で起こっているのです。

わたしはもちろんほかの人たちの経験を知っています。ヤルミラは手紙でわたしに気をつけるように言ってきました。彼女は哀れな夫をどんなに苦しめたかを語り、彼の自殺は自分のせいだったと言って、わたしがおなじ過ちを犯すことを心配しています。「あなたの運命を配偶者以外の人と結びつけるべきではない」と彼女は言うのです。

離婚はなんの役にも立たない、とわたしは感じています。人はいつだっておなじことを繰り返すのです。新しい人生などというものはなく、新しい人生も古い人生とおなじです。人生は一度しかないのです。確かなことはひとつだけ、わたしの体がいつか死ぬこと。それ以外は、自分が生まれてから死ぬまでのあいだ、わたしは自由でいたいのです。他人の凝り固まった経験をなぞることも、根拠のない希望に身を託すこともしたくありません。わたしはいま、ここで生きたいのです。

結婚生活は死ぬまで、さらにはそれ以降もつづき、日常生活で育まれ、共有する家具やこどもたちといった具体的で堅固なもので生かされるものだけれど、あなたとわたしの愛は純粋な空気でできていると感じる日があります。わたしは肉を必要とするように純粋な空気も必要としています。わたしはあなたの目を、あなたの言葉を、あなたの感情を、あなたの考えを必要とするように、エルンストを、眠るための自分のベッドを必要としているのです。わたしはあなたの質問や、あなたの迷宮、あなたの不安や、あなたの悦び、あなたの苦悩や、あなたの言葉の愛撫とおなじように、石炭の請求書や、共用の鍋類、共有している絵や、日常的な詩、見慣れたものの落ち着いた確かさによっても生かされています。ただ、あなたとの愛は、どんな具体的なものにも支えられていないので、とても怖いのです。きょうあすにも消えてしまうかもしれないし、空気でできているのだから空気のなかに溶けてなくなってしまうかもしれないからです。と同時に、わたしはどんな選択も愚かな選択でしかないことを知っています。あきらめるのは愚かなことです。わたしはいつか愚かなことをするかもしれません。そうせざるをえなくなるに決まっています。けれども、対立するすべてのものは補完し合っているのだから、相反するすべてを抱えこむしかないだろうとも思っています。すべては両刃の剣であり、どんな決断も正しいと同時に間違っているのです。失うことは獲得することであり、獲得することは失うことです。わたしの弱さは強さを呼び起こします。わたしは裂け目の上でバランスをとって生きていきたいのです。わたしは正反対の世界のどちらも欲しいのです。

あなたのミレナ

追伸

あなたは小さなネズミではありません。あなたはむしろ姿の見えない神、目には見えない全能者、あらゆる場所にいる存在です。

＊

あなたの全面的な同意がないかぎり、フランK、わたしはそちらには行かないことを約束します。ただ、わたしが——プラハに——いるだけでも、あなたの気持ちは和らぐのではないかと思うのです。そのせいで、あなたの言うヒステリックな若い娘たちみたいに痙攣を起こしたりすることはないでしょう。わたしは父の家に泊まります（あなたのためにそうするのです）。わたしたちはときどきごく短時間いっしょに公園を散歩することになるでしょう。それが毒でもあるかのように、あなたの病気を、あなたの大切な病気を治す毒でもあるかのように。愛も毒の一種なのですから。

どこでだったかは忘れましたが、熱烈に愛し合っている女と男の愛の物語を読んだことがあります。ふたりは熱烈に愛し合っているのですが、たがいに苦しめ合って、憎み合って別れることになるかもしれないことも知っています。しかも、死なないかぎり別れられないことも知っているのです。ある日、女は自分の恋人に毒を盛ろうと決心し、愛を込めて毒キノコ入りのオムレツを作ります。けれども、恋人はその毒では死なず、ひどい病気になっただけでした。すると、彼女は一心不乱に看病したのでした。恋人を殺そうとしたあと、こんどは彼の命を救うのです。恋人はその中毒がじつは意図的なものだったことを知りますが、そういう愛を受けいれて、その証拠に自分の命を女の手に委ね、女が作るものはなんでも食べることにしたのです。それで彼が死ななければならなかったとしても、それはふたりが納得したうえでのことで、それが彼らの愛し方なのでした。ふたりのあいだにはけっして変わることのない結びつきが生まれ、彼女は彼の生死の決定権をにぎったのですが、それは彼が望んだことでした。ふたりいっしょにそう決めたのです。ふたりは、たがいに依存し合っていることを理解し、受けいれるまでに時間がかかりましたが、意図的に服従することでそこにたどり着いたのです。愛は自由と似たようなものです。あなたはあるときこう言いました。「自由は外部の社会的雰囲気から得られるものではなく、自分自身と世界に対する絶え間ない闘いを代償として獲得できる態度から生まれるのだ」と。自由になることは、責任をもつことであり、愛するのとおなじように、ひとつの道を行くことです。そして、そのためには、根源的に矛盾するふたつのことを抱えこまなければなりません。服従しながらみずからを解放し、たがいに相手を汚しながら愛し合わなければならないのです。

保険協会の事務所は自分の一部だから事務所に対して嘘はつけないというあなたの言い分は、このうえなくわたしを苛立たせます。たとえ嘘をつくことになるとしても、事務所から自分を引き剝がすかどうかはあなたが決めることでしょう。

わたしは純粋ではありません。わたしはすでに悪事を働いたことがあり、自分の人生がそれにかかっているのなら、もう一度おなじことをするでしょう。わたしは人生に執着します。そのあらゆる毒もろともわたしは人生を自分のなかに取り込みます。十九歳のとき〔一九一七年六月のこと。ミレナは一八九六年八月生まれなので、実際には二十歳の頃か〕、父がわたしを精神病院に閉じこめたことを知っているでしょう。わたしの生き方が、エルンストというユダヤ人に対するわたしの愛が、父には認めがたかったのです。実際、わたしは中絶をしたばかりでした。罪のない小さな生命がお腹にしがみついていたのに、わたしは自分の意思でそれを排除したのです。それは悪いことでしたが、必要なことでした。この事実とは正面から向き合わなければなりません。人生も愛も人間の欠陥や嘘や違反行為や悪のうえに成り立っているのです。

生き延びるためにあなたが病気を見つけ出したように、肺が心の病を引き受けたように、愛はもっとずっと強力な病気みたいにあなたを救ってくれるかもしれないことを考えてみてください。それを受けいれ、毒みたいに取り込むことです――最初のうちはすこしずつ、それから次第に量を増やしていくのです。自分たちのなかに死の可能性を抱えたまま、愛し、食べ、眠ること。わたしはあなたの死と永遠の可能性なのです。それを受けいれてください。それをまっすぐ正面から見つめてください。まっすぐにわたしを見つめて、わたしをあなたのものにしてください。

ミレナ

一九二〇年七月二十五日、ウィーン

あなたの婚約者があなたを撥ねつけたのは当然です。あなた自身が彼女を追い払ったのですから。あの人はふつうの女性なのに、ミレナがあなたの人生に入りこんだのですから。

毎日手紙を書くと約束してくれてありがとう。わたしはしばしばあなたの手紙をじっくりあるいはさっと読んで、あなたが存在することを確かめる必要があるのです。

わたしの心は極端に好戦的で、至るところに敵の部隊がいて、その姿が見え、唄をうたいだしたばかりのコオロギの声が聞こえ、川面の白鳥が目に留まります……。

＊

あなたの手紙にお答えすれば、はい、フランK、わたしは証券取引所のそばの小さな公園でのあのとても気持ちのよかった散歩を覚えています。あのときは、別でした。わたしはあなたにわたしの小さな弟の墓を見にいってほしいと頼むべきではありませんでした。それがあなたにとって苦痛だと察するべきだったのです。あなたは墓地が大好きですが、あなたを喜ばせるものはすべてあなたを苦しませるのだから。あなたは上昇したとたんに落下するのです。あなたのことはわかっています。わたしもやはり気分がおおいに高揚したあとにはひどく落ちこみます（でも、自殺はしません。もう自殺しようとはしないでしょう。そんなにむかしのことではありませんが、わたしはエルンストのせいで自殺しようとしたことがあるのです。ふたりでの生活は楽しいのとおなじくらい怖ろしくもあります。相手からあまりにも多くの喜びを期待してしまうからです）。大歓喜のあとには日常の底の知れない淵が待っていることを知っていますが、だからといってわたしは大きな喜びを慎もうとは思いません。わたしはそれを取っておいて、気分が軽いうちに恵み深い神々には感謝しておいて、夜に呑みこまれそうになるころには、忘れよう、自分のことは忘れよう、人生がわたしを忘れてくれるようにしようとするのです。そうやって、自分にとってできるだけ自分が存在しないようにしながら、目をつぶるのです。そうすれば、夜は過ぎていき、苦しみもやはり過ぎ去っていきます。そして、朝には、わたしが予感していたとおりに――大人の経験が役に立つのはこういうときで、わたしは大人ですからね、あなたはまだすごくこどもだけれど――あなたの変身はまだ起こっていないのです――というわけで、朝には、日が昇って、たとえ雲があるとしても、明るさが戻ってきて、わたしは地下牢にいるわけではないことがわかるのです。わたしはごくふつうの人間の女で、弱くて、傷つきやすく、闘争好きではあるけれど、それはべつにいいのです（わたしにはどうしようもないことですから）。わたしは起きて、新聞にざっと目を通しながら朝食を取ります。ニュースは、とりわけ政治欄は、悪いことばかりで、ロシアやドイツではユダヤ人大虐殺が急増し、大量の移民が押し寄せています。けれども、わたしを打ちのめすためには悪魔的な陰謀が、呪われた猛火が、悪の勢力の大同団結が、全世界が完全な暗闇に包まれることが必要です。というのも、少しでも明るい切れ間があれば、わたしはそこにもぐり込んで、これ以上にないほど平凡な生活に勤しむことになるからです。そうしていれば、やがてある日、この上なく意味のある人間が現れるのです。

気をつけなさい、親愛なるきれいな羽毛《はね》のカラスさん。

あなたの女狐、

一九二〇年七月二十六日付の電報

同様に＝同様に
毎日は手紙を書かないでください
とりわけそんなに疲れているときは
ひと言だけ
愛

ミレナより

一九二〇年七月二十六日、ウィーン

フランツK、わたしはあなたとはいっしょになれないものと観念しています。わたしと生活するのはあなたには不可能なのです。あなたは愛を復讐の神みたいに怖がっているのだから。あなたはわたしを怖がっているのです。

それでも、わたしはウィーンで自分が何をしているのかと思います。あなたがプラハで生活していて、わたしの人生はプラハにあるというのに。

あなたは自分が幽霊になってしまうような気がすると言う。あなたが存在することをあなた自身に証明するために、わたしがあなたのところに来てほしいと。わたしはウィーンでのあの幸せな四日間のあとすぐに行動すべきでした。いまではもう遅すぎます。考えれば考えるほど、それはむずかしくなっていくのです。

ミレナJ

*

あなたが、あなたがわたしの結婚生活の救世主になるなんて！

初めのころ、それはばかげていると思いました。あなたがわたしたち夫婦を救うことになるなんてことはなく、それどころか、あなたは夫婦の仲を窮地に陥れるだろうと思っていました。日によっては、わたしの願いはただひとつ、エルンストと別れて、あなたの腕のなかに駆けこむことでしかなかったからです。それから、頭の片隅でそのことを考えているうちに、またもや、あなたのほうがよくわかっていたのだと考えるようになりました。正直なところ、わたしたちの、あなたとわたしの絆が強くなり、重要になり、わたしの心の糧《かて》になればなるほど、わたしは自分が強く、逞しく、自律的になり、ここでの生活に耐えられるように、むしろ悪くないと思えるようになったのです。わたしは、あなたの視線の下で、成長したような気がします。フランツ・Kの友だち、ミレナは美しく、善良で、敬意に値する女である。そういう評価を得ているのはここにいるこの女なのです。それに、わたしがここで、このオーストリアの街で、このアパートで、あなたがよく知っている――わたしより以前から知っていて、そのおかげでわたしたちが知り合いになった――エルンストという男と暮らしているからこそ、あなたはわたしを見て、評価し、わたしの書いたものを読んで、わたしに自分の文章の翻訳を託し、わたしに手紙を書き、（たぶん？）愛してくれたのでしょう。結局のところ、あなたが欲しているのは去年の秋、カフェ・アルコで出逢ったウィーンのミレナ・イェセンスカーなのです。もしもわたしが結婚していなかったら、わたしがプラハに住んでいないことを確信していなかったら、あなたがわたしに手紙を書くことはなかったでしょう。なぜなら、あなたをこの生につなぎ止めているのは他のなによりも書くことだからです。しかも、わたしが自分を否定することなしには、自分を破壊し、文字どおり破滅することなしには、抜け出すことのできない世界に属していることをあなたは知っています。だとすれば、そのミレナがウィーンに止まるのは当然のことなのでしょう。

追伸
友だちのヤルミラの手紙を転送します。

一九二〇年七月二十七日、ウィーン

今夜は疲労困憊しているなかで手紙を書いています。書くこと、ペンを持つことがとんでもなく大変なことなのです。あなたの体の重さの感覚がすこしわかるような気がします。先日、ウィーンで、山道をわたしのあとからひたむきに付いてきたときのあなたの姿が目に浮かびます。あなたの懸命な重たそうな歩き方、あなたが自分の体をどんなに重たく感じることがあるか、わたしにはわかっています……。にもかかわらず、わたしにはあなたが蝶々みたいに感じられたのです。今夜は、わたしの手足はぎこちなく、筋肉痛がして、まもなくまぶたが下りてきて、獣のような眠りに呑みこまれるだろうと思いますが、その前に急いでその原因を説明しなければなりません。夫にいつもテーブルにきちんとした食事が出せるようにするため、経済的苦境のなかで、わたしがどんなに奮闘しているかをあなたは知っているし、戦争のせいでわたしがひどく飢えを怖れるようになり、二度とあんな思いは、あんな悪夢は、あんな地獄は経験すまいと決意したこともご存じでしょう。お腹による、肉体による自己疎外。生き延びなければという強迫観念、生きるため、人間的であるための基本条件の塗り替え。あなたの生き方を見て考えさせられるのは、〝どうして肉体がこれほどまでの要求を精神や人間に突きつけられるのか、どうしてそれがこんなにまで人間を形成することができるのか〟ということです。むかしから、あなたの食欲のなさがあなたの生きる力や欲望を制限してきました。この方向にもやりとりがあって然るべきだと思います。あなたに食欲が戻ってこないかぎり、救済や快復や贖罪の可能性はないのに、あなたの体がそれを拒否しているかのようです。あなたの体は世界の一部になることを、その歯車のひとつになることを拒否しています。この世界は不条理で、腐りきり、汚れているから、それを支えることを拒否しているのか、それとも、ただその機械的な部品のひとつとして動くことができないだけなのか。あなたの体は、従ってあなたの心も、絶対的に道徳的なかたちでしか動きません。あなたの体は死に向かって走っていく生の不条理に力を貸すことができない。あなたは腐敗することができないのです。

けれども、それはあなた自身が原罪を犯し、あなたが堕天使で、あなた自身が地獄だと言っているようなものです。あなたははるか昔から全世界の罪を自分で背負いこんでおり、何もかも知っていて、なにも赦そうとはしません。わたしにはわかっているのです。あなたはあまりにも罪深いわたしの体が近くにあることに耐えられないか、耐えるのにとても苦労するのです。わかっています。けれども、わたしは、とても貪欲で、とても過ちを犯しやすい哀れな人間で、わたしのこの体はどうしても生きたがっています。だから、キッチンの食料戸棚が四日つづいて空になっているのを見たとき、この体がどうしたかわかりますか？　それは苦痛とパニックの叫び声を発して、だれも関心を示さないもう何度目かのチェコ語のレッスンの広告を新聞社に持っていくのをやめたのです……。それをやめて、その代わりに駅に行きました！　そこには動きがあり、人々がいて、肉体の必要があるからです。荷物を運搬するために。そうです！　それをやったのです。わたしは背が高くて、頑丈な体格をしています。だから、それができるのです。わたしは旅行かばんの運搬係として雇われたのです。ほんとうです。わたしはそれを誇らしく思っています。そこにはすでにほかの娘たちもいました。

想像してみてください。列車の乗降口で、大勢の若い娘たちが乗客やトランクめがけて押し合いへし合いするのです。ときには数人がかりでやらなければならないこともあります。肘《ひじ》を使って――わたしの肘はみごとなくらい尖っているので――自分の場所を確保したり、一人前として認めさせたり。ほかの人たちと知り合いになって、いっしょに働いたり。その必要があるときは、自分が目立つようにしたり。いつも目につくようにする必要があるのですが、わたしはそれは得意です。わたしは背が高いので、ふつうにしていても目立つのです。

ここで目立つということはカフェや劇場で目立つのとは違います。わたしはキリンみたいに目につくようにしていることを学びました。他人《ひと》より上に首を伸ばして、まっ先に客の視線を、要求をとらえ、カンガルーみたいに三歩で客の前に跳びだして、旅行かばんに（必要とあれば、腕ずくでも）手をかけるのです。抜け目なく、しっかりとしがみつく猿みたいに、無節操な泥棒カササギみたいに、重荷に荒い息を吐き軛《くびき》の下で汗だらけになる牛みたいに、そして、小家族が足取りも軽く歩いていくあとを、一軒分の家財道具をまるまる詰めこんだトランクを抱えて追いかけていくときには、まるでカメみたいに！　わたしは野ウサギにもなれるし、腕が千本あるタコにだってなれるのです……。

　これがわたしの動物小屋での一日なのです。あしたは、わが家にはパンがもたらされるでしょう。ここまでにしておきます。親愛なる小ネズミさん、今夜はわたしに会いにきてね。

ミミ
レナ

一九二〇年七月二十八日、ウィーン

問題は、あなたの言うように、この仕事ではわたしの目もとに隈ができること、そして、エルンストは疲れているわたしを見るのが大嫌いだということです。単純なことです。彼はもうわたしを見ようともしないし、わたしはあのお人形みたいに完璧な間抜け女、リスル・ベーア〔ミレナの夫エルンストの女友だち〕には絶対に太刀打ちできないということなのです。彼女の手の爪をあなたに見せてあげられたらと思います。完璧な——それとも理想的と言うべきか——長さで、そんなことがありうるのかどうか、彼女は建築の秘密を、完全数の法則を知っているにちがいありません——わたしはもっときちんと数学を勉強しておくべきでした——しかも、彼女の爪は長さだけでなく、うっとりするような形で、真珠層か生のアーモンドかその両方の白さで、まだ乳色のアーモンドを思わせる海岸の貝みたいなのです。そういうすべてに加えて、すばらしくぽっちゃりとした手、人をぼうっとさせるほど繊細な手の動きをしています。見ていると、わたしは思わずうっとりとして、彼女が口さえひらかなければ、あやうく恋に落ちかねないところです。けれども、わたしは女の木こり、いや、オリンピックの女子水泳選手、いや、旅行かばんの運搬係のような自分の体のほうが好きです。

そのうち、お金ができて、お腹がいっぱいに——ただしいっぱいすぎないくらいに——なり、もうそれ以上書くことがなくなったら、わたしもこのお人形さんみたいにおめかしをして、エルンストを驚かせてやりたいと思います。

＊

きょう、わたしはいい状態ではありませんでした。で、お弁当を持って、自分が完全にひとりっきりになれる場所を探しにいきました。自分を取り囲む閉じている円環みたいな空間、地中にもぐったモグラみたいに、完全に自由で、安心できる場所が必要だったのです。それはときには郊外の、赤いビロードの壁に嫌なバイオリンの音が軋むように響く、それ以上薄汚い場所はありえないカフェだったり、ときには片隅にベンチのある公園の小道——目の前にはクズ籠、木々の葉むらを通して工場やなんの特徴もない駅舎の屋根が日に照らされてちらほら見える——だったり、またときには、ただ路面電車に乗って、終点から終点まで旅するだけでもよかったり、あるいは、友人の小さな部屋で、片隅に坐って、ただ黙っているだけだったりするのですが。

きょうは山でした。ノイヴァルデックのすこし向こう、幹線道路から一時間ほど、穴だらけの道や牧場や小川を通り抜けたところに、だれにも見つからない片隅を見つけてあるのです。

そこには炭焼き人がいて、円錐形の積み藁《わら》のなかに封じこんだ木材を焼いていました。小屋の前に立っている男は、目のまわりを煙で黒くして、両脚をひらいて地面に突き刺しているかのよう、両腕をぶらぶらさせ、陰気で、樫の木みたいにどっしりとしていて、なにも言わず、ただむっつりと、次々に噴き出す煙をじっと目で追っているのでした。ときどき、大きく弧を描くような動作で木材を継ぎ足すと、それを蹴飛ばして決まった位置に押しやります。わたしはその男が毎晩谷間に戻って、掘っ立て小屋の妻やこどもたちの顔を見るところを想像しました。家族を愛しているのかとは恥ずかしくて訊けませんでしたが、そのくらいむっつり閉ざされた顔をしていました。朝になると、その男は冷たい米とジャガイモと砂糖なしのブラックコーヒーのボトルを入れた包みをぶらさげて、また山に登り、煙を噴き出す木材の小山の前で、じっと黙りこんで一日を過ごすのです。モーターみたいに規則正しく、隠者みたいにたったひとりで。男は瞑想しているわけではありません。もしそうなら、そんなに悪くはないと思ったでしょう。でも、彼は山の人間で、黙りこくった無学な男でした。羊のような盲目的な従順さで、かすかに疑うこともなく、必要に駆られて荷車を引く牛みたいに鈍重で、その前にいたわたしは恐れ戦《おのの》き、呆然としながらも思ったものでした。〝わたしには目があるし――彼にも目がある。わたしは息をしている し――彼も息をしている。彼もわたしも、この人生というおなじ奇跡に参加している。でも、わたしたちがたがいに正面から向き合うためには、いったいいくつの世界を飛び越える必要があるのだろう？　ところが、それなのに、わたしたちは、彼もわたしもおなじように死んでいくのだ〟

藁山から煙が数珠つなぎに立ち昇り、わたしは息が詰まって、あやうく窒息するところでした。わたしたちがこんな哀れで滑稽な人生を送るようにいったいだれが仕向けたのでしょう？　こういう人間たちが、日常性に絡みつかれながら、反抗することもせず、叫びもせず、激しい怒りにとらわれもせず、神を罵る言葉を吐くことさえしないなんて、いったいこの世界はどんなにとてつもない重さで人々にのしかかっているのでしょう？

一九二〇年七月二十九日、ウィーン

ああ、フランツK、このおめかしをするという考えが――女の子らしくしなければならないということが、わたしにはどんなに苦痛か知っているでしょう――それでも、そういう考えがわたしをけっこう悩ませてきたのです。きのう、わたしは宝石を拝借しました。数日前から、わたしはウィーンの上流家庭で家政婦として働いています。裕福さがあふれんばかりの一家で、二日前からサイドボードに首飾りが置きっぱなしになっていました。だれも気にしていなかったし、わたしにはその必要があったので、それを拝借して質屋に入れたのです。もちろん、受け出すお金ができたらすぐに、もとの場所に戻すつもりですが、じつは、ある衝動に駆られて、わたしはそのお金でおめかしをしたのです。まず婦人服の仕立て屋、それから美顔術師《エステティシャン》、そのあとには美容師、帽子屋、靴屋と専門家の手から手へと渡り歩きました。わたしはへとへとに疲れながら変身したのです。何に変身したのかはわかりません。なんだか少女の仮装をした少年みたいな気分でした。メーキャップをすると、いつもそういう気分になるのです。それから、カフェに行きました。エルンストが毎日入り浸っているカフェ・ヘレンホーフ〔ウィーンの有名なカフェ。第一次・第二次世界大戦の戦間期には文人たちの憩いの場となっていた〕です。わたしが入っていくと、それなりの効果があって、みんなが振り返り、店内がしんと静まりました。エルンストが店の奥でかわい子ちゃんたちに取り巻かれているのが見えました。いつもはわたしを見ようとさえしないのですが、わたしに気がつくと、エルンストはすぐ紳士的に立ち上がって、椅子を差し出し、讃嘆の声をあげました。「きょうは、きみはなんてきれいなんだ！」そう言って、いかにも満足げな笑み（新車のすてきなスポーツカー――たとえばメルセデス＝ベンツ・カブリオレ――のオーナーみたいな得意げな微笑）を浮かべたのです。そうすれば、わたしが喜ぶにちがいないと思ったのでしょう。さらに、彼は目をキラキラ輝かして、「こんなにエレガントなきみを見たのはずいぶん久しぶりだ！」と言いました。

　ああ、なんたる低俗さ。彼はうれしそうに小躍りしていたのです。ようやく自分の愛人たちに似た、かわい子ちゃんを見つけたからでしょう。まるで初めてわたしを見たかのようでした。で、次の瞬間、ほんとうにあっと言う暇も与えずに、わたしは彼に平手打ちを喰らわせていました。自分でもほんとうに自分がやったのかと思いましたが、彼は愛しいリスルの膝の上にくずれ落ち、彼女はピイピイ泣きだしました。わたしは自分の帽子を剝ぎとると、それを彼に投げつけて、ものすごい勢いでその場を立ち去りました。自分でも何が起こったのか理解したのは、あとになってからでした。わたしは彼の目のなかに怖ろしいほど暴力的ななにかを見て取ったのです。それはオスマントルコの宰相《パシャ》たちが自分の好みに合わせて飼い馴らし、味付けし、着飾らせた美しい女を見る淫猥な情欲そのものでした。わたしという存在の否定でした。わたしは仮装して、ハーレムの女たちに取り巻かれたパシャを誘惑しにきたことで、自分自身を裏切ったのです。そんなふうに飾り立てて、彼が今夜はやっと餌にありついた飢えた犬みたいに、舌をだらりと垂らして、自分に付いてくるのをわたしは見たのです。わたしはそういう彼も自分も恥ずかしくてなりませんでした。彼の醜さ、その低俗さ。わたしの美しさは醜いものでした。わたしは自分で自分自身を貶《おとし》めたのです。彼なんて大嫌いです。そうです、わたしは離婚します。それはもう確かです。

わたしはあるがままの自分を愛してもらえることを夢見ていたのに。わたしがどんな人間かを知っているのはあなただけです。そういうことを見抜く目をもっていて、しかもとてもやさしいのはあなただけです。

あなたとの場合は、わたしは自分の心ゆえに愛されているのだと感じます。あなたがわたしの肉体的な美しさのことはなにも言わないのがいいのです。たとえそれがあなたの心を揺り動かすようなものであることを心底から願っているとしても。

醜い女
ミレナ

一九二〇年七月三十日、ウィーン

ああ、フランク、わたしは有頂天です。あなたの言葉はやさしすぎる。「そう、ウィーンへ」とあなたは言います！　あなたは幸せだし、あなたは皇帝だと言う。わたしがきれいだとあなたは言います。わたしはメモをして、あなたの言葉をもう一度書く。あなたはどうかしています――わたしはそれで有頂天――あなたは口達者なだけ――あなたは世界一好い人です――わたしはあなたの言葉を暗記します――あなたの言葉はわたしにはコカインよりも強烈なのです――あなたがもう眠れないというのはわかります。狂気のなかで、逆転した世界のなかで、わたしがいちばん心を打たれた言葉を知っていますか？　それは〝あなたも元気だと思います〟という言葉です。それはこどもたちのやさしい、純粋な、愛らしい心づかいです。わたしの幼友だち、したがって神聖な友だちであるスタシャへの手紙はいつも、決まり文句みたいだし、実際に決まり文句なのだけれど、心から言われるととても生き生きとした〝あなたも元気だと思いますが、わたしもとても元気です〟ではじまります。フランク、わたしたちはふたりともこどもなのです。

わたしたちは永遠です。なぜなら、「百年後にも、ある日、わたしたちは小屋の前で友だちになるだろう」とあなたは言っているからです。

わたしはあなたの言葉を書き写し、暗記しています。どこへ行くときも、その言葉はわたしといっしょにいるのです。

あなたの手紙はわたしを悩ませます。というのも、それがあまりにも強烈かつ深い真実だからです。わたしはあなたの言うことに心の底から共感します。それはわたしの心を刺しつらぬく真実なのです。あまりにも美しく、あまりにも偉大で、あなたはわたしには偉大すぎるので、目に涙がこみ上げます。こんなに美しいことが起きているのに、わたしたちはあまりにも小さすぎ、その喜びを受けいれるにはわたしたちの生活は狭小すぎるのです。あなたが言うことは無限に美しく、わたしはけっしてそれを完全にはとらえきれないでしょう。

わたしがいちばん心を打たれるのが何なのかはわかりません。あなたがこんなにもわたしを理解してくれることかもしれません――あなたはわたし自身よりもっとよくわたしを理解してくれるのです――それとも、あなたがこんなにもわたしを愛してくれることでしょうか。あなたが全世界を愛するのとおなじくらいに――あなたは苦しみに耐えるキリスト、わたしは悲しみの聖母になったかのようです。こんなにも美しいものを見て、それに付いていけないと感じること、こんなに美しいものが消えていく、埋もれていく、火にかけられるのを見守るしかないということ。

あなたは〝天地がひっくり返る〟と言いますが、わたしはそれに耐えるには小さすぎます。わたしは限りない喜びに涙を流し、幸せと後悔に、わたしたちが生きることのない人生、わたしが知ることのなかった人生への切なさに涙を流します。

こんなばかげた心の動揺を鎮めるためには、あなたにキスをして、あなたをなかに入れる必要があるのです。あなたを、あなたの体を、あなたの命を……。

そうなのです。

かがり火を焚く必要があるのです。炎のなかでいっしょに燃え、ひとつに溶け合ってしまう必要があるのです。

一九二〇年七月三十一日、ウィーン

信頼について言うなら、わたしたちを結びつけているのはそれ、つまり絶対的信頼だと思います。あたかも天啓ででもあるかのように、わたしはそう強烈に感じたのです。わたしたちの関係が絶対に秘密でありつづけるだろうことをわたしは知っているし、あなたがすべてをわたしに言えるくらいにわたしを信じていることも知っています。しかも、わたしはすべてを読んでいるのです。わたしも物事をおなじように見ているので、多くのことを理解できます。でも、わたしがどうしてあなたの心の奥まで理解できるのかはわかりません。それは頭のよさや共感力の問題ではなく、愛と照応《コレスポンダンス》の問題なのでしょう。

あなたはわたしには透けて見え、あなたはわたしには透明であることを望んでいます。

あなたの言うすべてがわたしを底からしっかりと支えてくれます。それは生理的な感覚で、まるでお腹のなかに手を差しこまれ、心臓をギュッとつかまれるかのようで、涙がこぼれます。わたしの存在そのものが揺すぶられるのですが、それは苦痛ではなく、とても強烈な共生感です。あなたがわたしを信じてくれ、わたしはそれにふさわしいものになろうとし、あなたによって、あなたのわたしへの信頼によって自分が高められていると知ることで、とてつもない感情が引き起こされるのですが、そのすぐあと、それは不可能なこと、わたしたちが肉体的に融合してそれを分かち合うことはけっしてないと知ることで、わたしは消滅してしまうのです。それこそ神と選民であるヘブライ民族とのあいだに交わされた神聖な契約みたいなものです。

その悦びを期待し、それが約束されていると感じながらも、わたしたちはこの世界に属し、物質と泥でできているがゆえに、わたしはあなたの想像する世界に生きているわけではないがゆえに、天体は動いているがゆえに、諸々の現象は残念ながらけっしてあなたの目には——わたしにもだけれど——入らないがゆえに、フランク、わたしたちは知っているのです。わたしたちはこの人生という不条理、偶然の巡り合わせ、がらくたのなかで生きていくだろうということを。わたしたちはもう天国に住んでいるわけではないのだから——わたしはそのほうがいいのだけれど——ずっと食べていかなければならないし、この世界の観念だけではなく、この世界そのものを呑みこまなければなりません。わたしのために純粋さを放棄することを受けいれてください。まず自分自身に対して、それから自分の肉体に対しても寛大になってください。わたしは純粋ではありません。でも、あるがままのわたしをあなたは愛しているのだし、そうであってこそわたしはあなたを救えるかもしれないのです。なぜならわたしは人間でしかなく、神は存在しないからです。

愛するというのは人間を神格化することであり、愛するというのは神を冒瀆することです。自分の運命を他人に結びつけるのは、当然ながら危険なことです。神を信じるのとおなじように。愛するとはリスクを二倍にすることです。なぜなら、相手も誤りを犯すかもしれないからです。愛するとは奇跡を試みることであり、誤りを犯すかもしれない神を信じることです。身を委ね、身を捧げること、勇気を出して身を捧げることなのです。もっとも、そのためには、まず自分が存在することをみずからに許している必要がありますが。

けれども、それがあなたにはむずかしいのなら――あなたがすこしも眠れなくなるのはわかっています――わたしはこれ以上はお願いしません。あなたは神を愛するようにわたしを愛するのでなければなりません。わたしを信用して、わたしを信じるのです。盲目的に信じるのです。わたしはけっして裏切らないでしょう。わたしは約束するのは嫌いですが、それほどまでに未来を愛しているのです。

残念ながら、あなたが知っている神は懲らしめの神であり、この神はアダムとイヴを天国から追放しました。そして、あなたの宗教ではまだ救世主の訪れは、過ちをつぐなう贖《あがな》い主の訪れはないのです。あなたの宗教は慰めを知らず、妥協を知らず、過ちを赦すということを知りません。

ユダヤ人はキリスト教信者によって救世主を殺したという罪を負っていると信じこまされ、究極的な罰を、大いなる犠牲を待っています。そして、フランク、あなたはキリスト教信者がユダヤ人に負わせているあらゆる罪を、あなた自身の体のなかに受けいれて、それを育み、肥大化させているのです。あなたは自分のなかに世界全体を、天国も地獄もいっしょに抱えこんでいます。それがあなたに自分自身になることを、ただの、その場かぎりの、無自覚な人間になることを禁じているのです。それがあなたに建設することを、食事を取ることさえも、自分が生まれたごく狭い地域から出て、ほかの場所で生活を築くことを禁じているのです。あなたが夢見る単純で、牧歌的な生活を。

わたしたちは似たような感性で生きています。わたしたちのなかではおなじような世界の弦が鳴り響いているのです（わたしはあなたが適切な時期にわたしの手紙を処分するだろう、燃やすだろうと信じていますが、あなたがそれを完全に記憶するだけの記憶力をもっていることも知っています。紙は消えてなくなってもいいのです。それはどうでもいいのです。わたしの言葉とわたしの心はあなたのなかに残るし、残りつづけるでしょう。あなたはそれを受けいれ、自分の心の底にしまい込んでいるのだから。それは永遠になくなることはないでしょう）。

一九二〇年八月一日、ウィーン

わたしは元気です。あなたを愛しています。

あなたのお金は要りません。それは正しいことではないでしょう。空腹やわたしが吐く血はここ、ウィーンでのわたしの生活に属するものです。よくないのはウィーンでのことなのです。あなたといるときは、わたしは元気です。


ウィーンの駅で、あなたが列車から降りてきたとき、わたしがどう感じたか、とお訊ねです。わたしの心臓はいまにも破裂しそうにドキドキしていました。あなたがいないのではないかという不安に駆られて、わたしは目であなたの姿を探していました。いつもの不安と欲望、空腹で、胃が締めつけられ、息が苦しくなっていました。と、ホームの扉の前にふいにあなたがいました。わたしはあなたの瞳のなかに飛びこみ、あなたはわたしを受けいれてくれました。あなたは広大な世界です。そこでは、わたしはほかのどこよりも自由に自分をひろげられるのです。ひとりでいるときよりも自由に。あなたのなかでは、わたしは自由になれる。わたしはわたしになれるのです。あなたによってつくられた、創造されたわたしに。わたしはそれが気にいっています。わたしがきれいに見えるのも当然です。あなたがわたしをきれいにするのですから。

時間が止まってしまいました。

ほかの人たちは苛立っていました。人々がわたしたちにぶつかり、文句を言うので、わたししたちは静止状態から抜け出しました。わたしたちは自分たちの世界にもぐり込んでいたのです。

あなたといっしょにいるのはとても楽しく、とても快適でした。近づきがたいと同時に怖ろしくリアルなものみたいに。そうです、涙がこみ上げてきたのです。天に昇ると同時に墜落していくような歓喜にふるえて。絶頂と奈落。愛と破綻。物語の崩壊を前もって知っているような。すべてを予感しているような。あなたのおかげで永遠が、終わりのない果てしない愛がはじまるかのような。もちろんあなたは例外的な存在で、わたしはあなたから立ち直ることはけっしてできないでしょう。

＊

わたしはあなたの手紙を読み、読み返し、わたしの心のなかでもまた読み返します。なんというやさしさ、なんという苦しみでしょう。あなたの愛はやさしすぎます。あなたの愛は純粋すぎるのです。しかもあまりにも広大なので、わたしを釘付けにし、十字架にかけ、打ちのめします（ああ、メランのバルコニー！）、そして、わたしを昇天させ、わたしに重くのしかかり、わたしに取り憑いて、わたしの心を穿《うが》ちます。わたしはそれがなくなってしまうのがとても怖いのです。あまりにも強烈なので、不可能なほどの可能性を秘めているので、火を噴いて、燃え尽きてしまうのが怖いのです。

（あなたとおなじように、わたしも血を吐いています）

愛と理想と天国で、あなたはわたしをあまりにも幸せに、と同時に不幸せにします。ただひとつの解決策は、ただひとつこれを鎮める方法は肉体の融合です。溶け合う口と口の沈黙。そうやって火事を消すことです。

またすぐに
ミレナ

一九二〇年八月二日、どこか

わたしは列車のなかにいます、フランク。窓から外を見ています。世界はなんと広々としていて、望ましく見えることでしょう。この列車はわたしをプラハに連れていってくれることもできるのにと思います。ここでは息が詰まります。動きだすと、欲望が生まれるのです。ウィーンを出て、向こうのあなたのそばで、わたしの生まれた街で人生をやり直すこと。

けれども、列車が進むにつれて、いままでの旅の記憶が、心から感嘆したパリやヴェネツィアの記憶が甦《よみがえ》ります。黄金の太陽や運河や夢みたいな宮殿を前にしてうっとりと見とれたこと。そういう美しいすべてをとらえるために千の目が欲しいと思ったこと。わたしは無我夢中になりました。そういう場所で一生暮らしたいと思ったものでした。あまりにもたくさんたくさんたくさんの可能性があったのですが、ふいになにもなくなって、わたしは疲れきり、もうそこでは生きていけなくなりました。大急ぎでわたしの〝自分の場所〟を見つけなければならなくなったのです。わたしはげんなりして、荷物をまとめました。わたしの哀れな心、わたしはその上にうずくまるしかなかったのです。けれども、孤独は怖ろしい。それはわたしたちの基本的な条件です。わたしは孤独なのです。あまりにも孤独だったので、ヴェネツィアから遠く離れると、自分の視線の外にヴェネツィアが存在することすら疑うようになりました。あなたも遠くにいるので、あなたの存在を疑いたくなります。あなたがそばにいなくて、あなたの手をにぎったり、あなたの姿を見たり、あなたの体を取り巻く空気の圧力を感じられなければ、あなたは存在しないのだと思ってしまいます。それは怖ろしいことです。わたしは目に見えるものしか、手でさわれるものしか信じられないのです。それから、わたしは家に戻りました。わたしの部屋がわたしを迎え入れてくれました。部屋は変わっていませんでした。わたしの心とおなじように。わたしにあるのはわたしの心だけです。その外ではどんなやり直しも不可能なのです。わたしたちはそれを知っています。とりわけ、列車とか、パスポートのおかげでなにかができるということはないのです。内側の新しい世界へ向かうためには、どうしても必要なものがあります。それは古い世界の崩壊を正面から見つめる勇気です。始めるためには、その崩壊が完全なものである必要があるのです。

全面的な崩壊、その激変、その壊滅に耐えなければならないのです。

一九二〇年八月三日の電報

手紙《レートル》を受け取っていません
存在《レートル》を受け取っていません
もうなにも読むことができません
なにを書くことも
なにをすることも
なにを飲むことも
お願いです

一九二〇年八月三日、ウィーン

父からの手紙を受け取ったのですが、ほんとうにがっかりしました。相変わらずなにもわかっていないのです。相変わらず頑固一徹で、なにひとつ後悔していません。わたしをどんなに苦しませたか、父は依然として理解していないのです。

彼の手紙を転送します。署名を見てください。親だというのに、名字だけで署名しています。

一九二〇年八月四日、ウィーン

フランク、わたしの洋服箪笥《シュランク》、三十日金曜日の手紙のなかで、あなたはわたしをおおいに笑わせてくれました。わたしはわたしたちの悲劇的で、不可能な、とてつもない愛について嘆いているところでした。わたしはフェードル〔フランスの劇作家ジャン・ラシーヌによる、ギリシャ古典に材をとった悲劇『フェードル』の主人公〕や神話を演ずる劇団員にでもなったつもりで、しかも頭痛がしていたのです。ところが、あなたは、嫉妬などしないことを名誉にかけても守ろうとするあなたは、わたしが人に花束をもらったと言うと、もしもあなたがわたしの箪笥だったとしたら、わたしが部屋に飾ったその花束のせいで、ドアをピシャリと閉めて部屋を出ていき、控えの間でその花が枯れてしまうまでむくれていると言うのだから。わたしが抱きかかえた花束のせいで――それとも、それはわたしの好きな花だと言ったせいかしら――わたしに喧嘩を売るなんて。あなたはようやく嫉妬してくれたのですね。これでわたしの神は地上に降りてきてくれたわけですが、あまりにもばかげた、くだらないことなので、わたしはあなたをいっそう熱愛するようになりました。こんなふうにわたしを笑わせてくれるのだから、たとえそれだけのためでも、あなたはまだもうすこし生きていてもらわなければなりません。片頭痛は解消しました！　あなたはわたしの最高のお医者様であり、薬（と同時に毒）です。わたしが元気かどうか知りたければ、自分の手紙を読めばわかるはずですよ、フランク。

ミノス〔フェードルは、ギリシャ神話のクレタ王ミノスの娘〕のミレナそれじゃ、もしもわたしがドレスを着ていないとしたら？

あなたがわたしの部屋にあるすべてのものをうっとりするほど愛おしく思っているのなら、こんどはわたしが嫉妬して、なにもかも外に放り出してしまうでしょう。

フランク、フランク、フランク、フランク、いつになったら会いにきてくれるの？ わたしが悲しみで死んでしまってもいいのですか？ あなたに会えなくてとてもさびしい、わたしは最悪の状態です。

一九二〇年八月五日、木曜日、ウィーン

〝鉛の監獄〟〔ヴェネツィア共和国政庁にある、天井と屋根が鉛でできた最も堅牢な牢獄〕から脱獄したカサノヴァ〔ジャコモ・カサノヴァ（一七二五―一七九八）。ヴェネツィアに生まれ、波乱と冒険の生涯、とりわけ女性遍歴で有名〕。うようよするネズミたち。あなたはカサノヴァの人生でいちばん危機的でしかも不吉な瞬間を選んだのですね、わが愛するフランK。しかもいちばん陰惨なときを。

血については、何でもないので、心配することはない、と医者が言っています。フランク、あなたはわたしの父が、父親らしからぬ署名をする勿体ぶった専制的なところがある人だとは認めるにしても、あなたのお父さんとはかなり違って、愛情ある好人物だと思っているようですね。だから、言っておきますが、わたしが父の手紙に対してあんなに激しく反発したのは、あれがこの三年間でわたしが受け取った初めての手紙だったからなのです。わたしがウィーンに来てから、わたしがプラハを離れてから、わたしが結婚してから、父は一度も手紙をくれませんでした。返事をくれたのはわたしがお金を無心したからなのです。父はきのう別れたばかりのような態度で、これっぽっちも変わっていません。これまで一度も嘘をついたことがないのを鼻にかけている、行儀のいい人ですが、嘘をついたことがないとすれば、それは正直さからではなくて、打算からのことなのです。社会的にやるべきことはすべてやって、女たらしで、礼儀正しく、頭脳優秀で、金持ちで、とても人に好かれています。ブルジョワ娘と結婚した野心家で、社交界での押し出しのよさもあって社会階層を上昇し、財産も築きました。模範的な社会生活を送っていると自負することの多才な人物はあなたとは正反対です。あなたは善良な人です。彼は自分のやったことはなにひとつ後悔していないし、いまでもエルンストと結婚したわたしは間違った選択をしたと考えています。生きるためにわたしが自分のもとから逃げ出さなければならなかったことがわかっていないのです。父がどんなふうに母を見殺しにしたかは、まだあなたに話したことはありませんでしたが、考えれば考えるほど、それはあきらかなことです。母が病床についているあいだじゅうずっと、父は自分の仕事と社交生活をつづけ、妻には毎日、愛人たちと会う合間に一瞬顔を見せるだけでした。母の世話をしたのはわたしだったのです。ある日、父は母にスミレの花束を持ってきました。母の顔が喜びに輝くのが見え、彼女はじっとそれを見つめていました。そのときひとりの女性が教授先生に会いにきたのですが、父がどうしたかわかりますか？　この訪問にあわてた父は、急いでスミレの花束を妻から奪い返すと、その女のところに持っていったのです。彼はそうやってわたしの母を殺したのです。父は愛など知らないのです。わたしがようやくエルンストと別れることになりそうだと思って彼は喜んでいます。いまでも相変わらず外国人や、ドイツ人や彼が〝ニグロ〟と呼ぶユダヤ人を毛嫌いしています。父はルージェナ伯母さんを通してわたしたちの噂を聞きつけました。彼は作家としてのあなたに敬意をもってはいますが、あなたはユダヤ人なのです。だから、わたしが送っている人生は彼を「怖ろしく悲しませて」います。彼はわたしが自分の人生をきちんとしたものにすることを、彼が自分の人生をそうしたように、わたしもいまのような生き方ではなく、「まともな生き方をする」ことを望んでいるのです。わたしが家を出たのは愛のためだったことを理解できないので、わたしが実家に戻ればなにひとつ不自由はさせないと言ってきます。わたしをプラハに戻らせるのは愛だけだということがわからないのです。父の手紙のなかには愛はありません。指図が、あれこれいろんな指図があるだけなのです。

もうすぐわたしの誕生日ですが、わたしは誕生日が大嫌いです。なんだか人生がわたしなしで過ぎていってしまうような気がするからです。わたしは狼狽《うろた》えているのです。

M

一九二〇年八月六日、ウィーン

ああ、わたしの愛しい人、わたしの大切な人、わたしのやさしい人、わたしの友だち、わたしのユダヤ人、わたしの彷徨《さまよ》い人、わたしのカラス、わたしのワニ、わたしの鉛の監獄のネズミ、わたしのカサノヴァ、わたしの好きなプラハ人、わたしの世界、わたしの崩壊した世界、わたしの黄昏《たそがれ》、わたしの宇宙、わたしの永遠、わたしの肺疾患、わたしの苦しみ、わたしの病気、わたしの偉人、わたしの恐怖、わたしの欲望、わたしの生と死、わたしのあなた、わたしのこども、わたしの生徒、わたしの独身者、わたしの菜食主義者、わたしの幻視者、わたしの作家、わたしの禁じられた贅沢、わたしの失われた楽園、わたしのシオニスト、わたしの亡命者、わたしの無国籍者、わたしの迫害された人、わたしの少しだけ歩く人、わたしの肺病患者、わたしの雄弁家、わたしの男、何を言いたかったのか忘れてしまったわ……。

ああ、そうだ、思い出した。もう何度目になるかわからないけれど、わたしに会いにウィーンに来てほしいと言いたかったのです――わたしにはビザもパスポートもないけれど――あなたにはあるのだから。来てください、二日、二晩でも、二年でも、二時間でも、お願いだから、来てください。

わたしは駅に迎えに行きます。わたしのドレスといっしょに。その日は旅行かばん運びの小娘になるのはやめて、大人の女性になります。髪もきちんと整えて。笑みといっしょに、目や手ともいっしょに行きます。わたしの手はあなたのもの、あなたの額や目の上に、あなたの変化する、深い、大きな目にあてがわれるでしょう。わたしたちはおたがいに相手がわかるでしょう。わたしはあなたのそばに寄り添うでしょう。あなたが失神した場合にそなえて、わたしが失神した場合にもそなえて(あなたとわたしは仕事を分担するべきです。小娘や小僧みたいに、いつもおなじときにおなじことをやろうとするのはばかげたことですから)。わたしはすこし前に失神したことがありますが、そういうときにはあなたに活躍してもらうことにしましょう。わたしたちのうちでは、あなたのほうが軽いのだから。わたしたちはまず、ホームで、目で探すことになりますが、あなたは背が高いから、頭が人込みの上に出ているはずで、簡単に見つかるでしょう。

(愛しています)

わたしたちは礼儀正しく挨拶をして、それから磁気を帯びてたがいに引き合いながら歩きだすでしょう。わたしたちの体内を電流が流れ、あなたは振動し、わたしも震えて——ふたり合わせれば、プラハの大ホールを照明できるかもしれません。わたしたちは行儀よい市民として引き合う力に抵抗しながら、慣例的な質問をするでしょう。お元気ですか、旅は快適でしたか? そして、その答えを貪るように飲みくだすでしょう。わたしはあなたの口から出るものには、なんであれ無関心ではいられません。なににでも夢中になるのです。わたしたちは丁寧に応答するでしょう。最初はふたりとも体が硬直して、人々はわたしたちの二極の世界のまわりを難破船の周囲を泳ぐ魚みたいに満足げに通りすぎていき――わたしたちは体をブルッと震わせて――歩きだすでしょう。転ばないように、わたしはあなたの腕に腕を絡ませます。一瞬、わたしはあなたの腕にふれている腕でしかなくなり、この地上でそれ以上気持ちのいい瞬間はないでしょう。わたしたちは歩くでしょう。その二日間について、こんなふうに細かく話していたら、夕方までかかっても終わらないでしょうから、手紙はこの辺までにしておきます。わたしたちの歩みを宙吊りにしたままにしておくのです。永遠に終わらないでほしいから。わたしは寄り添って歩くわたししたちの体のことは言いませんでした。あなたの声や、あなたの言葉、あなたの話し方、あなたのゆったりとしたテンポ、あなたの頰笑み――わたしの歩き方に合わせたあなたの歩き方に合わせたわたしの歩き方――ほら、四本脚のキマイラ〔ギリシャ神話の怪物。頭はライオン、胴は山羊、尾は蛇（または龍とも）〕の誕生です！　それがわたしたちなのです。どこを歩いたかについてはあとで、自分の頭のなかだけで、でなければ日記のなかで話すことにしましょう――街でのそぞろ歩き、遊歩道、墓地、本屋、文房具屋、昼食等々。

あなたに寄り添うミレナ

一九二〇年八月七日、ウィーン

『判決』〔カフカの短篇小説。一九一三年発表〕を読みました。息子を溺死に追いやるこの怖ろしい父親は、当然ながら、わたしの父を思わせます。父はわたしを溺死させようとはしませんでしたが、生き埋めにしようとしたのです。まだあなたには言っていませんでしたが、（ユダヤ人に恋をしたからという理由で十カ月も！）わたしを精神病院に収容させるために、父は精神異常の診断書を作成させたのです。いいですか、純粋な体制順応主義から、自分の実の娘を厄介払いしようとしたのですよ。わたしが自由奔放すぎたので、父はわたしを精神異常者だと思わせようとしたのです。頭がおかしいのは彼のほうだったのに。病院では、看護師たちはわたしがそこにいないかのように、わたしがなにも理解できない動物であるかのように、わたしのことを話していたのを覚えています。知っているでしょう、あなたが狂っていると思っている人たちがどんな目であなたを見るか？　実際はその正反対だというのに。だれもが勘違いして、泥水のなかを転げまわり、いくらでも間違いを犯すのです。病院は叫び声やひどい扱いや恐怖に満ちた地獄みたいな場所でした。幸いなことに、ひとりの看護師がわたしを気にいってくれました。わたしがもっと長くそこにいたら、ほんとうに頭がおかしくなってしまうことを彼女は理解してくれたのです。父がわたしを救ってくれるはずはないので、もしも脱走しなかったら、わたしはいまでもまだそこにいたでしょう。父がそんなことをした理由？　わたしが自分の人生を生きようとしたから、わたしがある男の子と寝たから、わたしの体が妊娠してしまったから、世間体が悪かったからです。でも、わたしはそうはさせませんでした。ひとりの看護師を味方につけて、逃げ出したのです。フランク、あなたも逃げ出す方法を見つける必要があります。両親の家での暮らしには戻らないことです。あなたはとても泳ぎが上手なのだから、できるだけ遠くまで泳ぐことです。ウィーンに来てください。わたしに救われたいと思うなら、わたしに会いにくるべきだし、わたしたちはいっしょにいるべきです。

あなたはわたしがいつもここにいてほしいと思っています。わたしがここにいるということはいつまでも変わりません。わたしはただ、あなたに泳いでほしいのです。

あなたが来れば、それはあなたがわたしを愛していて、わたしを求めていることの、わたしたちがいっしょに暮らせて、わたしがあなたを救うのをあなたが受けいれることの絶対的な証拠になります。あなたが生きたいと思っていることをわたしは知っています。

わたしがそれを信じるためにはあなたがここに、わたしのそばにいる必要があるのです。わたしが自分の人生と、エルンストと訣別して、あなたを自分のものにするためには、あなたのありったけの力とわたしの力を結びつける必要があるのです。

ミレナ

一九二〇年八月八日、ウィーン

あなたは必要性について話します。妹さんのエルゼ〔カフカの実在の妹の名は「エリ」なので、カフカが仕事を休むための電報上の暗号か。カフカからミレナの手紙でも「エルゼが病気で」という理由で職場に旅行願いを出すことを示唆している〕が病気になれば来られるかもしれない、とあなたは言います。でも、わたしたちがいっしょに暮らすこと、それが実現することこそが必要なのをあなたは理解していないのです。そこにこそあなたが生きられる、ようやく生きられるチャンスがあるというのに！ なにかが起こってそれが自分の運命を決めるのを待っていたりしないでください。好都合な出来事が起こるなんてことは滅多にありません。むしろ、この宇宙全体がわたしたちの破滅に、大惨事に向かって共謀しているのではないかとさえ思います。わたしたちに好意的な神々の声はごく控えめです。それに耳を傾け、その声を聞いて、それに従うべきなのです。そうすれば、それがわたしたちに好いように取りなしてくれるでしょう。わたしの声を聞いてください。幸せへの願いを聞きいれることは嘘をつくことではありません。その点については、わたしはあなたの意見には同意できないし、とても残念に思っています。あなたの職場はあなたとは異質の生きもので、あなたはそのために生きており、なにひとつ隠し事はできないのだとあなたは言います。自分自身に嘘はつけないのとおなじように嘘はつけないのだと。あなたはあなたの仕事のことを言っているのですか、それとも上役のことですか？

わたしの体があなたの体を必要としているときに、あなたの純粋さがあなたを地獄に突き落とすなら、わたしはとても残念です。あなたの言うことを理解はできますが、認めることはできません。

もしも真実が必要ならば、あなたは妹さんかマックスか、翻訳者のイェセンスカー夫人と会う必要があるのだと言えばいいでしょう。それなら嘘にはならないし、あなたは職場やお父さんの家の外でも生きられることがわかるでしょう。わたしが顔をそむけたら、あなたの心臓は止まってしまう、とあなたは言う。それなら、わたしがその心臓を動かしてあげられるように、ここに来てください。

あなたは自分がほんの少ししか好きじゃない——そうなのです——だから、あなたにはわたしが、あなたを愛してくれる人が必要なのです。わたしに好かれることができるのだから、愛のなかに生きる理由が見つけられるはずです。わたしがあなたの鏡になれば、そうすれば、あなたにも自分がどんなにすてきかわかるでしょう。わたしがきれいだとあなたが書いてくるとき、そのときだけわたしは自分がきれいだと感じます。わたしはあなたの言うことを信じるし、あなたを信頼しているからです。だから、あなたがミレナを愛しているなら、わたしもすこしは彼女を愛せるようになるのです。ときどき、わたしはあなたが愛しているその女と一体になります。ときどき、それがわたし自身だと、あなたが愛しているのはわたしの一部だと感じられるからです。この動きはとても気持ちがいいものです。それに、わたしはもっと別のいろいろな人間でもあります。わたしは何人もの人間だし、あなたも、あなただって職場の勤め人だけではないはずです。あなたはあの専横的な人の息子であるだけではないのです。あなたは強いし、勇気があります。あなたは書いているし、生きたいと思っている。それは自分でもわかっているはずです。

今夜、わたしは疲れているし、苦しいし、泣きたい気分です。あなたがいないのがとても寂しい。あなたからのなにかしらの合図が必要なのです。あなたはどこにいるの？　何をしているの？　だれがあなたを独占しているの？　わたしがいなくても、あなたは幸せなのですか？　そうであることをわたしは願うべきなのだけれど。あなたにとっては、時間がどんどん過ぎていくのでしょうね。わたしにとってよりも速く。わたしにはあなたが必要なのに、わたしはあなたにそうは言えません（その権利はないからです）。わたしにはディレンマの涙があるだけです。わたしはなにも要求するつもりはありません。権利のないものを要求したりはできないからです。わたしにはあなたのところへ行く自由はありません。もうずっと前に、ひと月前に、プラハ行きの列車に跳び乗るべきでしたが、わたしはそうはしませんでした。たぶんこれからもそうすることはないのでしょう。今夜、わたしは苦しいので、思いきって書いています。あなたに懇願したいのです。わたしに会いにきてください。来てくれなければいけません。あなたなしでは、わたしは衰弱してしまう。もう耐えられないのです。あなたはわたしの水、わたしの空です。わたしはもう息もできず、目も見えないし、なにも聞こえません。お願いだから、来てください。嘘の口実をつくってください。わたしへの愛のために、嘘をつけるようになってください。だれでもなにかしらのためにそうしているように。そんなことは重要ではないのです。わたしがあなたの存在を、あなたの力をこんなに必要としているのだから。「いっしょになれたら、どんなにいいだろう」とあなたは言い、そのときにはわたしはそれに耳を貸さなかったけれど、いまそうしなければならないのはあきらかです。それがわたしに必要なことであり、わたしに欠けていることで、わたしにはあなたが足りないのです。おそろしく。大至急。もうこれ以上待てません。あなたが来なければ、わたしは死んでしまうでしょう（わたしは懇願しているわけではありません。ただ事実を予測しているだけです）。あなたはわたしの残骸をひろうことになり、わたしはもう話すことも、書くこともできないでしょう。あなたはそうしたいのですか？

一九二〇年八月九日、ウィーン

フランK、『トリブナ』紙を買うことを禁止します。記事はどれもガラクタです。少しも自慢にはなりません。エルンストは読みながら笑いだして、わたしを馬鹿にすると、「こんなものに興味をもつやつがいるのかね?」と大声で言いました。本気でそう言っただけに、わたしは傷つきました。たとえあなたが記事を読むことがあったとしても、わたしにはなにも言わないでください。

あなたは自分の血のことや、わたしの手紙の生理的な効果について言っています。たとえあなたがほとんどなにも食べないとしても、あなたの体はわたしへの愛のために存在することを要求するのです。

あなたから遠く離れて、わたしは死にかけています。わたしたちは会う必要があるのです。お願いです。早く、できるだけ早く。あなたは職場につかなければならない嘘のために、ミレナを悲しみで死なせるつもりなのですか? いいえ、あなたの職場は生きものではありません。あなたが出ていける場所にすぎないのです。それに反して、わたしは生きていて、わたしの体があなたを要求しているのです。あなたが来てくれないのなら、わたしの血の流れは止まってしまいます。言葉だけでは足りないのです。わたしにはもうあなたの声が聞こえなくなり、血が固まってしまいそうです。

脅しているわけではありません。あなたが来なくても、わたしは死なないでしょう。ただひどい状態になるだけです。わたしは自分の一部から、わたしという国の一地方から出ていかなければならないでしょう。心ならずも、わたしは道ばたに置き去りにしなければならないでしょう、あなたが愛した女を、あなたを愛した女を。あなたの目を、あなたの手を、あなたの肌の香りを知ったこのドレスを脱ぎ捨てなければならないように。あなたがいなければ、彼女にはもはや存在する理由がないのです。イェセンスカー夫人は依然として生きつづけるでしょうが、あなたのミレナはそうではありません。彼女はもはや何枚かの紙片に、時とともにインクが薄れていく紙片にすぎないでしょう――あなたがそれを燃やしてしまわなかった場合には。当然ながら、あなたはそれを燃やしてしまうだろうと信じているけれど。

脅しているわけではありません。ただ無限に悲しいだけです。喪の悲しみ。世界はすでに予定どおり果てしない喪に服しているのです。あなたはやるべきことをやっただけ、世界が、あなたの世界が望んでいたことをやっただけで、なんの問題もないと感じるだけでしょう。

M

こんなにささやかな仕草の
こんなにも深い愛
わたしは理由もなく悲しい
いいい
わたしたちが何になるというのでしょう？
わたしはもう信じられません

わたしは共謀が怖いのです

一九二〇年八月十日、ウィーン

わたしはこんな電報を打ちたいと思っています。

「エルゼは病気になり、クララ伯母さん〔実在のクララ伯母は一九〇八年に死亡している〕も同様です。あなたはウィーンに来なければなりません。大至急！」

でも、やめます。

第一の理由はたぶん、それは嘘だからです。第二に、あなたがこういう悪ふざけをよく思わないかもしれないからです。それでも、わたしにはそうしたい気持ちがあります。けれども、そんなことをすれば、伯母さんたちに不幸をもたらすかもしれないし、あなたに恨まれるかもしれないのが心配です。ほら、わたしは心配に取り囲まれているのです。

時間がなかなか過ぎていかないので、グミュント[*8]までのあいだにわたしが何をしたいと思っているかわかりますか？　長椅子に寝そべって、目を閉じて、この身をあなたに、あなたを考えることに捧げたいと思っているのです。あなたがわたしの考えを感じ取れることはわかっています。向こうでのわたしたちのことをなかば夢見、なかば思い浮かべています。ここではいくらでも時間があるけれど、向こうではごくわずか、ほんの六時間しかないので、いまから予行演習をしておくのです。わたしにはあなたが見えるし、感じられます。わたしたちはすでに出発していて、すでにいっしょです。目を閉じるとすぐに、賑やかな通りの音が聞こえます。わたしは賑やかな音が好きです。わたしをあなたに近づけてくれるから。あなたが吸っている空気のなかにすでにわたしがいるのがわかりますか？　大切な列車の切符をポケットに入れたときから、あなたの呼吸が楽になったのはそのせいです。わたしの想いは海のようにたゆたって、小石を包みこんでいます。そう、わたしはあなたの小石なのです。あなたはそっとわたしを揺り動かします。わたしは片目をうっすらとあけて、見逃していた手紙の一節を目でたどります。わたしはあなたと話すのです。あなたの幽霊とかもしれませんが……。でも、かまいません。あなたはどこにでもいることをわたしは知っていますが、あなたがこんなに遠くに、と同時にこんなに近くにいるのは拷問です。タンタロス〔ギリシャ神話の王。神の怒りに触れ、地獄で永遠の飢餓の罰を受けている〕の責め苦です。結局、あなたはあまりにも遠すぎるのだと思いたくなります。わたしたちはけっしていっしょになることはなく、わたしがあなたのものになることもないのだろうと。わたしにはどうしてもあなたが、慰めの言葉が、確かさが、あなたの体が、あなたがここにいることが必要なのです。大至急それが必要なのです。さもなければ、わたしは死んでしまいます。わたしは消え去り、煉獄、幽霊たち、助けてください。

M

追伸

わたしの父からの手紙があんなにショックだったのは、この三年間で初めての手紙だったからです。

一九二〇年八月十一日、ウィーン

出発しないでください

お願いです

来ないでください

もう遅すぎます
わたしが懇願したとき来てくれなければならなかったのです
ひと月前に
いまあなたが自分のために来るのなら
あなたがそうしたいから来るのなら
その必要はありません
あなたがここに来ても
わたしはここにはいないでしょう

一九二〇年八月十二日、ウィーン

あなたがきのうのわたしの手紙を受け取ったかどうかわからないので、もう一度繰り返します。

わたしは調子がわるいので来ないでほしいと言ったのです。わたしは病気です。こんな状態のときには会いにこないでほしいのです。こんな状態ではグミュントであなたと落ち合うことはできません。どうしようもない片頭痛に苦しめられているのです。

わたしはわたしなしでは生きられないエルンストから離れられません。

休暇への出発は一週間遅らせます。

あなたはなぜダヴォス〔スイス東部の観光保養地〕へ療養に行かないのですか？

親切で忍耐強いあなたに感謝しています。

『トリブナ』紙が読めるというのなら、わたしはべつにかまいません。

　でも、あなたは何を怖がっているのですか？　わたしの体？　わたしがそばにいること？

　もしもそのほうがいいのなら、いっしょには寝ないことにしましょう。

　あなたはあなたの縄張りを、あなたの体を、あなたの地獄を護ろうとする忠犬みたいに自分の不安を抱えこんでいるのです。衰弱するにつれて、あなたの不安はふくれ上がります。あなたは不安を愛しすぎるのです。それがあなたを生かしてくれるのだと思っているからです。あなたの死への恐怖はとても大きな生への欲望――さらには、あなたは書いているのだから、死後まで生き残りたいという欲望――なのです。こどものときから、教室で、あなたは消え去りたいと思っていた。恥をかきたくなかったからです。すべてが自分の罪だと、はるかむかしから人類が犯してきたすべての罪が自分のせいだと信じこんでいたからです。あなたがそういうものから解放されることをわたしは心から願っています。思い出してください。ウィーンで、そういう不安が愛に入れ替わったとき、あなたがどんなに安らかな気分になったか。あなたがわたしを失うことはないでしょう。わたしはあなたの保険になりたい。世界からあなたを護る皮膚になりたいのです。わたしは手紙や言葉を警戒しています。それはわたしたちの魂を奪う貪欲な亡霊だからです。もしもわたしと生活するなら、あなたは世界の不純さを受けいれなければなりません——わたしは食べ——飲み——ときにはばかみたいに笑いますが、あなたはそうとは知らずにそんなわたしを愛しているのです。あなたは食べるのを控えることで自分の体を消し去ろうとすることに気をつかいすぎています。わたしは空腹を知っています。それは綱渡りのようなもの、深淵のふちに立って、空中に消えたり暗闇や虚空に呑みこまれたりしないかと絶えず不安にさらされていることです。そんなに少ししか食べないなんて、あなたは自分が不死身だとでも思っているのでしょうか？　空腹はあなたをもっと偉大な人間にしてくれるのでしょうか？　戦争中の飢えのせいで、わたしは動物になりました。どんなものでも食べる獣になったのです。そのせいでわたしは卑しくなり、打ちのめされました。けれどもいまのわたしは、野菜の屑《くず》で生き延びながら、万引きをしたくてたまらなかったその女とはまったく違うことを知っています。けれども、たとえ自分が万引き女になったとしても、それがいつかあなたに会うためだったなら、あなたのために生き延びるためだったのなら、わたしは一日たりとも後悔しなかったでしょう。わたしの体はそのために役立っているのだから。もしもあなたが望むなら、あなたの体に寄り添うわたしの体があなたの避難所に、あなたの小島になるでしょう。

一九二〇年八月十三日、ウィーン

至急あなたと話さなくては
書くのは不可能なことを言いたいから
早く、早く会わなくては
誤解を一掃したいから
わたしたちは生きているのだから

わたしたちがいっしょに過ごす夜、あなたは頭をわたしの肩にのせ、首筋にキスをしてくれるでしょう。あなたが思い出させてくれてからというもの、わたしはそのことばかり夢見ています。初めは目と目を見交わして、あなたの頰がわたしの肩に、ブラウスがすこしだけひらいて、手と手がふれ合うでしょう。あなたの手の甲がやさしくそっとふれる。ただそれだけ。わたしが言っているのは深くてやさしい相互理解、ウィーンの郊外の森でわたしたちが経験した結合のことです。なにも怖れることはありません。それは純粋な喜びになるでしょう。

あなたに「来ないでください」と言ったのは、あなたを試したかったからです。ほんとうは、わたしの願いはただひとつ、あなたが来ること、わたしを奪い取ってくれることです。エルンストがわたしに書いたばかりの手紙のなかで、彼はときどき浮気をしていたことを認めています。けれども、それは重要なことではなくて、彼にとって大切なのはわたしたちの断ち切れない絆だと言うのです。彼はわたしを永遠に愛すると言っています。けれども、わたしはそれを信じません。もう信じられないのです。わたしは純粋な空気のような愛が欲しいわけではありません。食事のときには皿のなかに食べものが欲しいのです。窮乏状態にはうんざりです。わたしは求人広告に目を通すようになっています――自分のものはなにひとつ買えず――言葉で栄養分を補給するしかないのです。

わたしは疲れて、否定的になっています。わたしたちのあいだの地理的な距離は乗りこえられないような気がしています。たとえあなたが変身しつつあり、わたしに近づいてきているのだとしても、あなたの不安が干からびた、そのくせべとつく、古い蛹《さなぎ》みたいにわたしを怯えさせるのです。手紙は、あなたにとっては、わたしがそこにいるかのようなものなのかもしれませんが、わたしにとっては、あなたの幽霊でしかありません。

交霊会の参加者たちの決まり文句ですが、彼らは霊に取り憑かれるのだと言います。霊気のようなものがやってきて、彼らに取り憑くのだというのです。それはプラズマみたいなもので、何だかわからないけれど、そこにはいない者の魂か、死者の魂なのか？　それとも、純粋な光のようなもので、彼らの体がそれに照らされ、運ばれるのか？　それとも、それは霧か、愛の群雲《むらくも》のようなものなのでしょうか？　あなたはわたしにはそんなふうに感じられます。それは崇高で、大きな幸せになり、とてつもない喜びになることもあるのですが、同時に、怖ろしいフラストレーション、空虚、深淵になることもあります。あなたの現実の肉体が欠けているので、わたしは自分の部屋でひとりぼっちになり、どうしようもなく孤独になって、紙片をいろんな方向にまわしてみても、読むことさえできなくなり、牛乳が饐《す》えるように、香《かぐわ》しかったものが苦々しいものになり、穴や罠しか見えなくなるのです。わたしはあなたの世界を、わたしがその一部分に、そのオブジェのひとつになっている――わたしはもう主体ではありません――あなたの構造物をどう理解すればいいのかわからなくなります。あなたの手紙の外では、自分にはなにもないことに気づきます。わたしは存在しないのです。あなたが両手でわたしの体を支えてくれなければ、わたしは存在しないのです。それは、埋葬の直前に、死者といっしょに写真を撮るあのやり方を思わせます。死者は生きている人たち、家族やカップルのあいだに配置され、服を着せられ、メーキャップされて、まるで生きているかのように坐らせられたり、なにかの装置で立たせられたりするのです。そして、人々はその写真を額に入れて、その死者が生きていると信じるふりをしながら、毎日それに目をやるというわけです。自分が生きているのか死んでいるのか知りたくなくなるのがわたしは怖いのです。

*

あなたはわたしの写真を見て、あれこれ夢想に耽《ふけ》ります。あなたは想像上のわたしのほうが好きなのです。そういうわたしのほうが聞き分けがいいし、あなたのシステムに従順で、一貫性があるからです。わたしのいくつかの言葉が長いあいだあなたの風車をまわします。あなたはわたしの写真と浮気をしているような気さえします。写真のわたしがもっときれいじゃなければよかったのにと思います。わたしの記事を読んでくれるほうがまだマシです。そのほうがもう少しわたしだからですが、それでもまだわたしそのものではありません。あなたはわたしを知らないのです。

カフェに行って、あなたに似ているけれどあなたではない作家やジャーナリストたちに会うとき、わたしがどんな苦痛を感じるかをあなたは知りません。むかしからよく、ふと気がつくと、煙の立ちこめるその部屋に、初めてわたしたちが会ったときみたいに、あなたが友人たちのあいだに坐っている姿を想像したものでした。わたしはごくありきたりな感じであなたのそばに行き、あなたも当たり前の感じで、わたしたちはいろいろささいなことやわたしの記事についておしゃべりするのです。それはこのうえなく楽しいことなのでした。でも、現実にはそんなことはなく、わたしにはそういうごくありふれた楽しみは許されていません。あなたはあまりにも遠くに住んでいます。じつは、そんなに遠くはないのだけれど。それでも、近づきがたいのです。わたしはあなたの体に近づけないのです。なぜなのかはわかりません。

わたしは、そこにあなたがいると思いながら、人々の輪に加わるのが好きです。ふだんは、人の輪に加わるのは好きではないにもかかわらず。ときには、通りで、あまりにもあなたのことばかり考えているせいで、あなたの姿を見ることがあります。あなたの歩き方や、あなたの帽子、あなたの外套や、あなたの痩せた背の高い骨格。あなたかもしれないと思うと、わたしの心臓はドキドキ打ちはじめます。わたしたちがやり過ごしてしまった楽園での時間になら、そんなこともありえたのかもしれません。わたしたちはたがいのことを知らずに何年のあいだおなじ街に住んでいたのでしょう？　わたしたちは手紙で、ただ手紙だけで結ばれるために、離ればなれにならなければならなかったのでしょうか。

あなたはわざわざ自分を近づきがたくしているような気がします。勇気がしぼんでしまいそうですが、グミュントには行くつもりです。行けばわかるでしょう……。

わたしがエルンストのブーツを磨くと言うと、あなたはそこに「裂くことのできない結びつきの秘密」を見て、苛まれる思いがすると言います。そう、それはわたしにもわかります。あなたはまた、わたしより上手に磨ける者がいくらでもいるだろうとも言います。それは確かです。でも、彼はわたしに磨いてもらいたがるのです。連綿とつづく家事を通して、なぜかふたりが結びつくことがあり、それがあなたを苦しめます。なぜなら、あなたがいくら世界一すてきな手紙を書いても、あなたの体がわたしの周辺にいなければ、あなたがわたしとおなじ空気を掻きまわすことがなく、おなじ風を肌に感じて、わたしたちの体がたがいを知っているのでなければ、ほんとうにはなにも存在しないからです。

あなたを苦しめているのはそれなのです、フランツK、あなたがわたしといっしょに住んでいないからです。エルンストは別の女と暮らすこともできるだろう、とあなたは言います――そうです――それはそのとおりです。外側から見るならば。ただ、重要なのは内側で生きられたものだということを、あなたはよく知っているはずです。

わたしはと言えば、カフェ・ヘレンホーフに出入りする作家のなかには、わたしのお気にいりの幽霊はいないと言っておきます。

依然としてあなたの
ミレナ

眠りにつく前にもうひと言。夏の猛烈な暑さは和らぎかけています。熱気が空から降りそそぐことはなくなり、いまやじわじわ地上にひろがっていく感じです。さいわい、わたしのアパートは高い階にあるので、窓を全部あけ放てば、風が通り、ほら、わたしのすべてはあなたのものです。何を話してくれますか？　スタシャには会いましたか……？　切手は届きましたか？　そういうすばらしいことを何もかも話してください。

ミレナ

一九二〇年八月十六日、ウィーン

わたしたちはグミュントで会いました〔ミレナとカフカは、一九二〇年八月十四日から十五日まで、グミュントで共に過ごした〕。数時間、あまりにも短い時間、あまりにも多くの沈黙。出かけたのはわたしたちの幽霊だけでした。わたしたちの手紙から生まれ、手紙で育まれた幽霊。わたしたちの体はなにも言わないままでした。死体みたいに動きませんでした。あなたは氷のように冷たかった。

限りない幸せが限りない不幸とそんなふうにすれ違ったのです。そういうふたりが駅のホームで行き違いになりました。きょう、わたしはあなたのなか、紙の上、言葉のなかにしか存在しなかったミレナの喪に服しています。彼女はすばらしかったけれど、いまでは粉々に砕けています。彼女を手放さないことです。あなたからこんなに遠く離れていては、消えてしまうにちがいないのだから。あなたの箪笥になる幸せすら要求できない彼女にとって、そばにいるのは苦しすぎることでした。そうです、すでに言ったように、わたしはあなたにふれるものはなんでも欲しいのです。わたしは疑念と不安でいっぱいです。あなたが遠く離れてしまえば、わたしにはあなたがわからなくなるのです。

それにしても、わたしたちは何を夢見ていたのでしょう?

わたしは相変わらずこんなことを書いているけど、これがなんになるのでしょう？　これ以上おたがいに手紙を書いても、なんになるのでしょう？　わたしが書いているのはあなたになのかしら？　これをあなたに送るべきなのでしょうか？

それにもかかわらず、あなたに手紙を書いていると、わたしの心が落ち着くのです。それがわたしの不幸のもとなのでしょう。あなたが存在することを知るだけで満足すべきなのに。

わたしたちは会いましたが、いっしょにいたわけではありませんでした。あなたはそこにいなかったのです。蛹みたいに、甲羅《こうら》みたいに外側の殻だけで、あなたの心はそこから抜け出して、どこかほかの場所に行っていました。たぶんそこにいるのはむずかしすぎたのでしょう。

わたしの体はあなたを待っていました。心はピンと張りつめて、あなたのほうに運ばれていきました。でも、あなたは身動《みじろ》ぎもしなかった。あなたの手がわたしの上に置かれることはなかった。あなたは自分自身よりずっと高いところに置ける女しか愛せないのです。わたしはそういう女で、あなたはわたしを愛している。愛しているがゆえに、わたしには手を出せないのです。

わたしは見て取りました、フランツK、わかったのです。グミュントで、わたしたちがどんなに不可能かということを。わたしの体がどんなにあなたを怯えさせるかということを。わたしの肉体が近くにあることの深い不安。あなたはわたしの瞳のなかに逃げこもうとしました。それはすてきだったけれど、残酷なことでした。あなたの筋肉の痙攣《テターニー》発作。あなたの体全体が麻痺していました。悪魔だってあなたをあんなに怯えさせなかったでしょう。わたしは死を見ました。死人のようなあなたの体を。わたしは死人を愛することはできません。

わたしはすでに死があなたのなかにどんなに傷をつけているかを理解しました。死がすでにどれほどあなたを納得させているか。あなたはその命令を実行し、約束されたその運命に従っています。なぜなら、死だけが唯一確実なことであり、あなたは――ごく若いころから――少しずつそれを自分に与えているのです。内的な秩序はこの予想に基づいて決定されるので、外的な秩序はそれに従うしかないのです。あなたの内的な死は外的な死とぴったり重なり合うでしょう。それはたぶんあなたの人生でただひとつ一貫性のある出来事になるでしょう。あなたは自分にとっても、世界にとっても死ぬことになり、あなたは勝利したことになります。あなたはついに、あなたを無視する世界に対して、あまりにも残酷なあなたのお父さんに対して、証明することになるのです。

1 消え去ることができるのだから、あなたは存在していたのだということを

2 あなたにはそうする力があったのだということを

3 あなたはあなたが言っていたとおり、病気で死ぬ運命にあったのだということを。

そして、わたしは、近い将来に、あなたが予言していた全世界の崩壊が起こるのを待っています。

わたしはばかなので、こんな遊びは拒否します。あなたといっしょに死にたいとは思いません。わたしは生きたいのです。たとえ宇宙の全勢力が結集して、あなたの言うとおり、わたしの死を

準備しているのだとしても、わたしは自分に与えられたわずかな生を生きたいのです。

死ぬのはとても簡単です。わたしはいつでも死ぬことができるし、わたしが死んでも、みんながテーブルにつく時間になるまで、きっとだれも気づかないだろうと思います。

一九二〇年八月十七日、ウィーン

もしもあなたがわたしを愛しているとすれば、フランク、わたしが結婚しているという事実がそれに大きく関わっている、とわたしは確信しています。わたしと結婚できないのは確実だからということもあるけれど、むしろそれより——あなたはそうは信じていないし、あなたはそもそもなにも信じていないけれど——それはわたしが愛すべき人間で、わたしが人を愛することができるという証拠だからです。わたしは（あなたの心のなかでは）あなたのための女であると同時に不可能な女なのです。あなたは不可能なわたしを愛しているのです。あなたは自分の欲求が物事の流れを変えることはないと知っているから、それだけ気楽にわたしを欲しがることができるのです。わたしを、あるがままのミレナを欲しがることで、あなたは世界のすべてを、近くのものも遠くのものも、可能なものも不可能なものも、手の届くものも手をふれることができないものも、内部のものも外部のものも、すべてを欲しがっているのです。

あなたはグミュントに来たけれど、あなたはそこにはいなかった。あまりにも短すぎました。いっしょに、不安を抱えて、夜を過ごさなければならなかったのです。わたしたちには、傍らにドキドキする不安を、わたしたちが抑えつけたはずの不安を抱えた夜が必要なのです。そうです、不安を抱えてこなければいけなかったのです。不安はあなたのわたしなのだから。

一九二〇年八月十八日、ウィーン

グミュントでのわたしたちの数時間についてあれこれ考えあぐねているうちに、何が何だかわからなくなりました。何が起こらずに、何が起こったのか？　あなた《ヴィ》はどこにいたのか？（わたしはもう親称のあなた《ティ》は使えません）わたしはどこにいたのか？　わたしはだれだったのか？もう手遅れだったのです。ウィーンのすぐあとに、わたしは生活を変えて、あなたの生活に合流すべきだったのです。それは大きなこと、あまりにも巨大なこと、不可能なことでしたが、そうすべきだったのです。そうすれば、わたしはあなたを救えたかもしれない、わたしたちの体がおなじ空間に置かれ、わたしの手があなたのこめかみに当てられることで、不安を飼い馴らせたかもしれないのです。わたしたちの手紙が怖ろしいやりとりをすることはなくなったのかもしれません。

グミュントでは、夜の帳《とばり》が降りるころ、あなたは暇乞《いとまご》いをしました。あなたがそうしてほしいと言えば、わたしは残ったのですが、あなたはそのそぶりも見せませんでした。あなたは空っぽで、わたしはうわの空でした。わたしはエルンストの妻、傷つき苦しんでいる妻でした。わたしは彼に嘘をつき、それを恥じていたのです。わたしはあなたたちふたりのあいだに、ふたつの人生のあいだに張られた綱《つな》の上にいて、あなたからの合図を待っていたのですが、あなたは合図をしなかった、できなかったのです。それで、わたしはぐらつきました。怖くなったのです。わたしにはあなたとの生活がちらりと見えました。まったく別の生活が。あなたの地獄みたいなものが。あなたを狭いところに押しこめている不可能な完璧さが。あなたを妨げ、あきらめさせているものが垣間見えたのです。考えてはいけなかったのです。わたしたちがいっしょにいるときは、考えるべきではなかったのです。そうはせずに、ただ存在すること。息を吸って、飲んで、食べること。いっしょに息を吸って、いっしょに飲んで、いっしょに食べること。愛というのはただそれだけのことなのです。

一晩中いっしょにいるべきでした。不安を抱えて。不安を眠らせながら。わたしたちの足下の絨毯の上に寝かせてやりながら。音を立てないようにして。そっと呼吸して。そのまま動かずに、教会が時を告げる鐘の音を聞きながら、夜を明かすべきだったのです。すこしもあるいは少ししか動かずに。夜の歩みを遅らせ、夜に住みついて、わたしたちのものにすべきだったのです。それがわたしたちの人生の最後の夜であるかのように。わたしたちにはそれが必要だったのです。束の間の安らかな時間が。ひどく不完全なものだとしても。それを認める必要があったのです。それが始まりになったかもしれません。おたがいに相手の手紙を読んでいたせいで、わたしたちの心は前のめりになっていました。獣をじっくりと飼い馴らすように、体にもっと時間を与えてやる必要があったのです。

一九二〇年八月十九日、ウィーン

　わたしはいままで何度も自分が嫉妬していると言いました。そうです、グミュントでも、あなたが浮気したかどうか訊きました。でも、それはあなたを信じていないからではなくて、あなたを挑発するためでした。そうせずにはいられなかったのです。わたしは疑念でいっぱいだからです。でも、頭を冷やせば、つまり頭を灼熱状態に保てば（ああ、なんてことなの、わたしもあなたみたいに、あなたにそっくりな考え方をするようになってしまった。すべてをその正反対のものと同時に考えるなんて）、よく考えて、あなたの手紙の一部を読みなおせば、いくつか確信できることがあります。あなたは例外的な存在で（これはわかりやすいことで、あなたと知り合う前からわかっていました。先にあなたを読んでいましたから）、人類にとって大きな価値のある人で、わたしたちのような出逢いは稀なことだということです。ミレナ・イェセンスカーも稀な存在です――わたしが知るかぎり、ひとりしかいませんから。ともかく、わたしはひとりしか知らないし、彼女はここに、わたしのすぐそばにいて、わたしはちゃんと監視しています――つまり、わたしたちのような手紙のやりとりは例外的だということです――それに、わたしがあなたを翻訳しているという事実、この深くて忠実な結びつき、わたしだけがあなたを理解するやり方を知っているのです――ミレナはあなたの分身みたいなものなのです。ただ、あなたは自分とは非常に違うだれかを愛することもできるはずで、とすれば、また疑念の機械が動きはじめるわけです。人は自分の分身を愛せるものでしょうか？　ときには、わたしたちのあいだで起こっていることは特別なことだと思えますが、また別のときには、どんな若い女性でもおなじようにあなたの気にいるかもしれないとも思えるのです。あなたがフェリーツェにたくさん手紙を書いたことを、わたしは知っています。ときには、どんな女性でもあなたを愛せるわけではないし、わたしみたいにあなたを愛することはできないだろうと思うのですが、また別のときには、大切なのは愛することだけだと思います。わたしはあなたを愛していますさらにまた別のときには、大切なのは愛されることだとも思えるのです。あなたはわたしを愛していますか?

一九二〇年八月二十日、ウィーン

あなたがわたしを怖がらせたというわけではありません、フランク、わたしはただわたしたちがいっしょに生きられるのは紙の上だけだということを認めただけです。いくらでもわたしに手紙を書いてください。もっとすばらしい手紙を、もっと心を揺さぶる手紙を、そういう手紙を通してわたしは永遠に、さらにもっとあなたを愛するでしょう。手紙がけっして止まることがないように祈っています。もしもわたしたちがいっしょでないのなら、そういうすべてが無意味だということになるでしょう。

きょうは、わたしは腰痛で動けません。ちょっと動くのも拷問みたいなもので、まるでロボットみたいな動き方をしています。あなたが病気や痛みのせいでどんなに動けなくなっているかがわかります――〝それがいったい何になるのか〟という考えが優勢になるのです。わたしたちがいっしょになれないとすれば、それはわたしたちが愛し合っていないからです。あなたは一度もわたしを愛していると書いたことがありません。そういうことは自分の口でしか言いたくないというのはわかります。でも、もうわからなくなりました。わたしは保証が欲しいのです。わたしは内金《うちきん》が、誓いの言葉が欲しいのです――手紙はそのためにあるのです。

仕事上のやりとりだけにしましょう。わたしはあなたの翻訳をつづけ、作者を愛しつづけます。わたしたちの関係はそれだけのことだったのかもしれません。愛するとはあなたを理解することではありません。愛するとはわたしたち以外の存在をつくりだすことなのです。愛するとはわたしたちを呼び寄せる領土をつくりだすことです。こどもをつくるのも愛することのひとつのかたちです。愛し合うというのは、ふたりがいっしょに暮らせる世界を誕生させることなのです。

一九二〇年八月二十一日、ザンクト・ギルゲン

親愛なるフランク、

ようやくザンクト・ギルゲン〔オーストリア、ザルツブルク近郊にあるヴォルフガング湖畔の地名〕のイーロフスキー〔スタシャの結婚相手の姓〕の家に着きました。森と山々に囲まれた湖のほとりです。スタシャが家族といっしょに来ています。ふたりの赤ちゃん、双子で、とても愛らしくて、スタシャとオルガという名前です。ふたりともムニャムニャ言っていますが、わたしには何を言いたいかがわかるので、たがいにとてもよく意思が通じます。ひとりが泣きだすと、わたしが抱いて歩きまわりますが、そうすると母親がするのとおなじくらいすぐに泣きやみます。わたしは彼女を腹這いに胸の上にのせて、横になります。わたしはその動物みたいな温かさが、よだれを垂らしている口が、わたしたちをひとつにする汗のヴェールが大好きです。わたしは寝息に耳を澄まします。彼女の頭はとても重たい。とても傷つきやすいこの子がこんなにも信じきっているなんて。こんなにもすっかり身を委ねているなんて。大歓喜。そんなふうに彼女の寝台に、暖かい寝床になれることをわたしはどんなに誇らしく感じたことか。でも、彼女にはそれが当たり前のようです。彼女の母親とわたしがどんなに親しいかわかっているかのように。自分の尊い命をだれの手にでも託せると思っているかのように。わたしたちは英文学について語り合いました。スタシャはD・H・ロレンスの『チャタレー夫人の恋

人』を翻訳する野心を抱いているのですが、わたしはそれに協力するつもりです。

ミレナ

一九二〇年八月二十二日、ギルゲン

けさ、ギルゲンはどんよりした寒い天気です。もう秋です。わたしの気分は穏やかになり、あなたと再会しています。あなたのことを考えながら、あなたについての記事を書いているのです。いつもより穏やかに、どこかほかの場所で、返事を期待しない会話をしているかのようです。このほうがあなたにとっても気軽で、わたしにとっても簡単です。わたしたちは自分たちが生きていること、自分たちが書いたものをたがいに読んでいることを知っています。わたしたちの文章を、わたしたちの魂を、わたしたちの心を通じて、この関係がつづいていることを知っています。

というのも、あなたに会えるかもしれないと期待しながら手紙を書くことは、わたしにとってはもう終わったからです。わたしはもう期待したくはありません。度外れな、常軌を逸した希望を抱きたくはないのです。どんな希望も抱きたくありません。わたしは理解しました。それは可能でもなければ、望ましくもないということを。それはあなたの健康にとって有害すぎます。わたしはあなたがもはや眠っていないことを知っているのです。それはここの雨みたいに、青くなることのない灰色の空みたいに悲しいことです。冬が抗いようもなく近づいてきます。あなたの近況はマックス・ブロートに訊いてみることにします。

一九二〇年八月二十三日、ギルゲン

あなたはわたしを自分の奥底に封じこんでいると言います。わたしが書いた手紙は読まずに、その受領を認知し、存在を認め、刻印を押すのだと。でも、わたしは、自分はそれとは正反対であることに気づきました。わたしはけっしてあなたを自分のなかに取り込んだり、保持したりはできないでしょう。だからこそ、もっと愛そうとするのかもしれません。

わたしたちの魂がこんなにまでひとつに融合することが——いっしょに燃え上がることが——

しかも、こんなにまで――大地によって、列車や国境や戦争や時間やビザや病気や死によって――わたしたちの体がむごたらしく切り離されたままでいるということが――どうしてありうるのでしょう？　あなたはわたしのために生きており、わたしがあなたに与えた愛があなたに命を取り戻させ、わたしに命を取り戻させ、わたしをより美しく、よりすばらしく、より強くしたのだとあなたは言います。だから、もう地下に身を隠せると言うのです。でも、わたしにもあなたの愛が、あなたが現に存在することが必要なのです。あなたが消え去ってほしくありません。

わたしはいま熱があります。深淵のふちで生きることに疲れきってしまったのでしょう。だから、わたしの手紙を読むのが怖すぎるとあなたが言うのなら、手紙を書くのはやめたほうがいいのかもしれません。

一九二〇年八月二十四日、ギルゲン

わたしのこの前の手紙は燃やしてください。破棄してください。出さなければよかったと思っています。もうすこしでポストに火をつけにいくところでした。わたしはあなたの手紙が欲しいのです。わたしは聖なる熱に浮かされて待っています。「もしもう手紙が来なかったら」、手紙を書くのはやめたほうがいいというわたしの言葉を彼が文字どおりに受け取ってしまったら、と思ったのです。「わたしに手紙を書かないで」とわたしが言うのは、「もっと、もっとたくさん手紙を書いて」、いくらでも多すぎることはない、という意味です。もしもわたしが死ななければならないのなら、それはあなたのためでありたい。あなたを愛したからだというなら、わたしは満足して死ぬるでしょう。

Ｆｋ、わたしは苛立ち、神経質になっています。ザンクト・ギルゲンでの休暇の初めから、わたしはあなたに手紙や葉書を書きましたが、わたしのノートが見つからないのです。どうしても。三度も家中探しまわったのに、蒸発してしまったのです。あなたがそれを読むことは当分ないだろうとは思っていましたが、わたしはあなたに向かって書いていたのです。

森の静寂のなかで、あなたの存在が感じられました。わたしはあなたに向かってすこしだけ書いていたのです。ほんのすこしだけ。帰るときに、それをまとめて郵送するつもりでした。二週間まではあなたが心配しないのはわかっています。それでも、もし万一心配になったら、電話する勇気が湧くかもしれません。もちろん、わたしが戻ってから、新聞社にですが、伝言を残すこともできます。そのほうが電報よりも便利だし、わたしはあなたの声を聞くのが大好きなのです。たとえ森の声はあっても、わたしにはあなたの声でないのが寂しいのです。

あなたに向かってなにか重要なことを言っていたわけではないのですが、それでも……。なんとか思い出そうとしてみます。よく眠っているので、体力が回復してきました。翻訳はウィーンに置いてきました。仕事はしていません。新聞の記事くらいですが、これは遊びみたいなものです。冷たい水のなかで疲れるまで長々と泳いで、それから太陽で体を温めます。そして、力が戻ってくると、また水に戻って、体を伸ばし、呼吸します。無我夢中で泳いで、食べて、眠るのです。
あなたは手紙への返事を待っているのかもしれませんが、ここではなにも受け取れません。すべてからあまりにも遠く離れていて、わたしがザルツブルクまで出かけたりすると、疑わしい目で見られるのです。

一九二〇年八月二十五日、ギルゲン

わたしはいまひとりです。スタシャは賑やかな家族といっしょに帰っていったし、エルンストは仕事で——と彼は言っていますが——ウィーンに戻りました。

森の呼吸の静けさ。豊かな、規則正しい息づかい。わたしの肺の動きとおなじです。

太陽が、蜂蜜みたいな金褐色の光線で水面を愛撫しながら湖の向こうに沈んでいくと、周囲の暗い森の存在を感じます。野生的な、油断のない暗闇。メトロノームみたいに規則正しいフクロウの鳴き声。まどろむ湖の暗い水。山々と森の境目の奥まったところになにかがひそんでいます。目には見えないけれど、感じるのです。その息づかいがわたしの息づかい、その震えがわたしの震えです。眠ることなく、じっと待ちかまえ、わたしを見守っている存在、その獣、それがあなたなのです。

ミレナ

一九二〇年八月二十六日、ギルゲン

湖畔でわたしが好きなのは、早起きしてひとりでいるときです。じつは、ひとりではないのですが。湖がそっとささやきかけてくるし、小鳥たちや森がうたっているから。しかも、ハレルヤ！　ノートが見つかったのです。風で吹きとばされたわけでも、湖に沈んだわけでもなく、きちんと片付けすぎていただけでした。ノートと絵葉書が見つかったので、あなたに夢のことを話そうとしていたことを思い出しました。森と変身の話です。忘れていたのですが、森はわたしのまわりをうろついて、わたしを誘いこもうとしていたのです。

日が暮れるすこし前のことです。小鳥たちが巣を探してやかましくさえずり、太陽は湖の背後の山の向こう側に沈み、湖からはかすかなささやきが聞こえるだけです。昼間の風がやんで、森はときめきはじめ、針葉樹の頂がふるえて、腐植土の強烈な匂いが立ち昇ります。わたしは森のはずれにいるのですが、なかに入っていけるかどうかはわかりませんでした。緑に切れ目がないし、わたしのいる場所は遠すぎたからです。自分が森に入っていきたがっているのか、森がわたしを抗いようもなく惹きつけているのかもわかりませんでした。森に近づいて、そのふちに沿ってすこし歩いていると、小道が現れました。穴ぐらの入口みたいな小道で、暗い森のなかにつづいています。足に引きずられるようにして森のなかに入っていくと、わたしはどこへともなく走りだしました。小道はだんだん暗くなり細くなって、わたしの体は木の枝を避けるために細くなります。速く走りすぎるのですが、本能的に首を縮めて低い枝をよけていました。そのうち、わたしの体が長く伸びだすのがわかりました。記事を渡さなければならないのに、時間に遅れているのです。それに、資料を取ってこなければならないし。わたしはさらにもっと、息が切れるまでスピードを上げました。わたしは森のなかを疾走します。体がとても軽くて、道をふさいでいる木の幹を跳びこえたりもします。もう道はなくなっているのですが、それでもすべてが簡単で、ふと気がつくと、わたしは四つ足で走っていました。でも、わたしは女狐なのだから、当たり前だと思うのでした。後ろを振り返ると、じつにみごとな赤茶色の尻尾が見えました。わたしのです。わたしはとても満足でした。

見つかった絵葉書を送ります。あなたはもう内容を知っているわけですが（あなたにとって、手のなかのわたしが多すぎることはないのはわかっています）。

一枚目の絵葉書
ギルゲンに無事到着。湖と太陽、岸辺には山がちな森があって、ふさふさした毛をそよがせている動物みたいに見守っています。

二枚目の絵葉書
泳いで、食べて、眠っています。脳がだんだん軽くなっていきます。少ししか書いていないし、もっと少ししか考えていません。森の揺らめきのなかにあなたが待ち伏せているのを感じます。

三枚目の絵葉書

もう体だけになりました。湖の静かな、冷たい水に飛びこんで、長いあいだ泳いで、それから太陽で体を温めます。森の呼吸に合わせてゆっくりと呼吸しています。

四枚目の絵葉書

暗い森が眠らずに、わたしを見張り、わたしを護ってくれています。それはあなたなのです。

一九二〇年八月二十七日、ウィーン

わたしはあなたでいっぱいなのに、あなたはいない。にもかかわらず、わたしはあなたに取り憑かれています。

わたしのなかにあなたはいない。わたしは大きな喜びと大きな苦しみで満たされています。わたしは永遠にあなたを愛すると信じているけれど、地獄に下りていくと、それが信じられなくなります。気が狂わずに、神を信じるようにあなたを信じることができるでしょうか。

わたしの体はここにあるけれど、わたしの心はあなたといっしょです。心のないわたしの体は苦しんでいます。体のないわたしの心は幽霊みたいに彷徨っています。どうすればあなたのそばにいられるのでしょう？　わたしがどんなに必死にあなたのもとに行きたがっているかご存じですか？　でも、それは逃亡することになるという気がします。わたしはエルンストと結婚しました。わたしがあなたのものだという理由で逃げ出すことはできません。けれども、わたしがあなたのものであるからこそ、わたしはあなたのもとに行きたいのです。どうすればここから抜け出せるのでしょう？　もしかすると、わたしはあなたに会いにいくかもしれません。もしかすると、そのうち、失われた時間と避けがたい老いという二本の道の交わるところで、わたしはあなたと出逢うのかもしれません。

　わたしの人生は地理の物語です。わたしはエルンストを愛するためにプラハを出なければなりませんでした。父に追い出されたのです。でも、エルンストはここには存在しません。知っていますか、わたしが初めてウィーンに到着したとき、ポケットに一銭もなく、ドイツ語も話せない小娘が、この未知の街の巨大な駅に着いたとき、彼がとっとと逃げ出して愛人に会いにいったことを？　わたしが宿なしにならずに済んだのはヨゼフ・カルマー〔（一八九八―一九五九）オーストリア＝ハンガリー帝国領内出身の作家、詩人、翻訳家〕のおかげでした。エルンストのことでは、わたしは敗北を認めざるをえません。わたしの人生は失望と挫折と欠乏の連続でした。だとすれば、わたしも記事を発表するようになり、仕事をして、わずかでも生活費を稼げるようになったいま、わたしは出ていくべきなのでしょうか？　けれども、わたしがプラハに行けば、あなたを怖がらせることになるのは確かです。わたしは竜巻《トルネード》。あなたは地下室に避難しなければならないでしょう。わたしは無限に愛されることを必要としているので、あなたをもっとひどく消耗させることしかできないでしょう。

一九二〇年八月二十八日、ウィーン

わたしのモグラ、わたしの天使、わたしの地獄、わたしの迷宮、わたしのアステリオス〔ギリシャ神話に登場する人身牛頭の怪物ミノタウロスの別名〕、わたしのオルフェウス、わたしのカラス、わたしの狐、わたしの犬、わたしの犬に噛ませる骨、わたしの全世界、わたしの机、わたしの秘書、わたしの生命保険、わたしの役人、わたしの経理係、わたしの肺病人、わたしの虚弱体質、わたしの秘密、わたしの狂人、わたしの苦悩、わたしの苦痛、わたしの希望、わたしの光、わたしの作家、わたしの洞窟、わたしの戦士、わたしの幸せ、わたしの不幸、わたしのプラハ人、わたしの幽霊、わたしの蛹《さなぎ》、わたしの奇跡、わたしの不安、わたしの生と死、わたしの彷徨えるユダヤ人、わたしの菜食主義者、わたしの焼きもち焼き、わたしのワニ、わたしの血を吐く人、わたしの愛人、わたしの灰色の瞳、わたしの心臓、わたしの手、なぜかわからないし、言うべきではないかもしれないけれど、いま思い出したのです、昨夜、あなたの夢を見たことを。わたしは夜、人気《ひとけ》のない、なんの動きもない街をぶらついていました。あなたのアパートを探していたのだけれど、プラハの旧市街みたいに、薄暗い路地が絡み合った、巨大でありながら狭小な、ユダヤ人街のどまんなかの家を見つけるまでに、とんでもなく時間がかかりました。わたしが到着したアパートは、迷路みたいに本が詰めこまれ、何階もある賢明な無秩序とでも呼ぶべき場所でしたが、あなたはそこにいて、わたしたちは愛情をこめて抱き合いました。それは温かくて穏やかで、まるで金属が融け合うようでした。それから、わたしたちは別れて、レストランで再会し、隣り合って坐って、あなたがわたしにメッセージを渡すのですが、それは謎めいた絵柄の絵葉書で、なにかの歴史を物語る一種の象形文字だったのですが、何の歴史だったのかしら？　わたしたちはおしゃべりをしたり、相手にじっと見とれたりして、とても気持ちがよかったけれど、しばらくすると、ふたりとも横になって、これ以上にないほどぴったりと絡み合いました。わたしたちの肌全体が、血の温かい蛇みたいに、ぴったりくっついていたのです。わたしは口であなたの息を探し、わたしたちは深い愛情と欲望でやさしく穏やかに動いていました。きのう、電話のあなたの声がわたしにそういう印象を与えたのです。あなたの声がわたしの血管のなかを川みたいに流れたのでした。

フランク、わたしは頭に浮かぶことをすべてあなたに言うわけではありません。そうしなくても、あなたはわたしの心のなかのすべてを知っているからです——あなたがわたしであるかのように――わたしがあなたであるかのように――だからこそわたしたちがいっしょに生きるのは不可能なのかもしれません。わたしたちはもっと鈍感な人といっしょに暮らすべきなのかもしれません。さもなければ、心の動揺が激しすぎるでしょう。心の底まで見えてしまうのではない相手、結局のところよくわからず、不透明で謎めいているだれかと暮らして、ときどき愛の営みでいっしょになり、その一瞬だけすべてを理解するというような。そういうことはあなたやわたしには必要ないのでしょう。

フランク、わたしはあなたからはなにも期待せずにあなたを愛したいと思っています。わたしはあなたを愛している、それがわたしの喜びなのです。あなたがわたしを愛するかどうかは完全にあなたの自由で、それはわたしにはどうでもいいことです。というのも、あなたに向かって話したり、あなたを翻訳したりするだけで、わたしの喜びには十分だからです。それとは反対に、あなたが生き延びるためには、これはまったく私利私欲から離れて言うのですが、あなたはわたしを愛さなければなりません。わたしは本気で言っているのです。あなたはミレナを愛さなければならないのです。なぜなら、彼女だけがあなたを救えるからです。彼女が世界一の泳ぎ手だということを忘れないで。それを忘れないでください。

一九二〇年八月二十九日、ウィーン

それでは、あなたはまだ逃げていないのですね。暴風雨とクラゲ《メドゥーサ》から。あなたはまだそこにいる。よかった。わたしにはそれで十分だし、それを名誉に思っています（これはわたしの第一の愚かさですが、わたしはけっして、けっしてなにも当てにはしないのです）。人はわたしが自分を犠牲にしていると考えますが、愛すれば愛するほど、わたしは与えるようになり、さらにもっと与えようとするのです。汲めども尽きない泉みたいに。相手がわたしを受け取ろうとしなければ、当然わたしは干上がるけれど、あなたが受け取ってくれるかぎり、わたしは与えつづけます。わたしを、わたしの時間を、わたしの心を、わたしの愛を、わたしの体を。濫費《らんぴ》すればするほど、わたしは増殖するのです。わたしが自分でかってにそうしているようなものですが、それはあなたによっても左右されるし、星や神々によっても左右されます。わたしたちの運命はどこか別のところで決定されているのです。あなたもよく知っているように。それは世界の絶大な力によって決められており、わたしたちは歯車のひとつにすぎず、わたしたちは水車の水、蒸気機関の火にすぎないので、わたしにはどうすることもできないのです。

それに、たとえあなたがわたしを失望させるとしても――そんなことがあるのかしら！――わたしはそれを呑みくだし、変形させてしまうでしょう。過ちを犯すことのある神みたいに、わたしはあなたを愛しています。わたしはあなたの意に反してでも、あなたを愛せるし（その点でもわたしは愚かで、これが第二の愚かさです）、あなたをわたしのところにまで引き上げられると思っているのです。

*

けさ起こったことを、愛しい、愛しい、愛しい、愛しいFk、あなたに話さなければなりません。わたしは郵便局にいて、いちばんに到着した人たちといっしょに並んでいました。郵便局が夜中の十二時にひらくなら、わたしはあなたの手紙のために十二時に起きるでしょう。わたしは郵便局のなかにいたのですが、わたしの背後にはドアがあり、ドアの向こう側の歩道には、凍《い》てつくほど冷たい雨風のなかに行列がつづいていました。

ふと見ると、行列のわたしから四人後ろに――自分の周囲を、ほかの人たちを見まわしているのはわたしだけでしたが、それは、まず第一に、もしかすると、近くをフランツ・カフカが通るかもしれないからだし、それに、ほかの人たちは帽子と肩のあいだに顔を埋めるような恰好で、周囲で起こっていることには関心がなさそうでしたが、わたしは世間話が大好きだからでもあります。そう、あなたはジリジリしているかもしれませんね――雨の降る歩道に年老いた婦人が寒さに震えながら待っていました。年金が支給される日だったのです。わたしは列から出て、その婦人のところに行くと、なかに入って体を温めるように言いました。

すると、何が起こったと思いますか？　世界大戦です！　いかにも不機嫌そうな口笛、低いつぶやきがひろがって、しまいにははっきりとこう言う輩《やから》が現れました。だめだね、到着した順番を守らなくちゃ、その婆さんは――賤民という言葉が聞こえたような気がしました――ほかのみんなとおなじようにできないのかね。そして、鼻をつまんだのです。わたしはそのお婆さんにやさしくしたいだけだったのですが、ふいに彼らの人間的な卑屈さ、その汚染された毒々しさに対する怒りがこみ上げるのを感じました。と同時に、その老婦人がユダヤ人だったことに気づいたのです。わたしは気づいていなかったのですが、それが人々の憎しみの原因でした。わたしはその婦人のとてつもない傷つきやすさ、そして、集団でわたしたちを敵視する人々の暴力性を感じました。なんとおぞましい人たちなのでしょう。正しいのはわたしで、彼らは間違っていることをしているのに、自分たちのほうが公明正大なつもりになっているのでした。その婦人はもっとガタガタ震えだして、いえ、いえ、わたしはここで大丈夫です、と言いました。わたしには黙ってほしいし、自分は穴があったら隠れてしまいたいと思っているようでした。だから、わたしは人々の肉食獣じみた顔に面と向かって言ってやりました。「あなたたちはとても順番がお好きなようだから、ちゃんと自分の場所に戻って、そのハイエナの口を閉じていることね。いいこと、わたしは自分の順番をこの婦人に譲るだけなんですからね」オーストリア女性――わたしは彼らの目にはそう映っていた――がユダヤ女に順番を譲るなんて、それこそ最悪の事態だと彼らは思ったにちがいなかった。だから、わたしは付け加えてやったのです。「みなさんは肥ってるだけじゃなくて、心臓《こころ》もないようだから、よかったですね。そのほうが寒さに耐えやすいでしょうから」もしひとりでも言葉を返す勇気がある輩がいたら、わたしは相手になってやるつもりだったけれど、彼らはそろって顔を伏せたので、わたしはその婦人を郵便局のなかに連れていきました。わたしはらわたが煮えくり返っていたので、その婦人といっしょに順番を待って、そのあとすぐにその場を離れました。そして、家に帰ってきてから、あなたにこの話をして、それから、マダム・コーラーに郵便物を取りにいってもらったのです。

ミレナ

一九二〇年八月三十日、ウィーン

フランツK、昨夜、またあなたの夢を見ました。わたしは狭くて薄暗いアパートにいました。あなたの家で、あなたの両親のアパートよりもっと本物らしいあなたの家で、わたしたちはやさしく強く抱き合いました。わたしたちはキスをして、舌を絡ませ、わたしはあなたの顎を、骨張った顎を感じました。わたしたちのキスは熱い、気持ちのいい万力でした。それはいかにもあなたらしい、わたしたちらしいキスの仕方でした。それから愛撫になりましたが、わたしの手があなたのお腹にふれた瞬間、あなたはするりと抜け出して、バルコニーに出てしまいました。もしかすると、だれか邪魔が入ったのかもしれません。それから、わたしたちはおしゃべりをしました。わたしは頭のなかでエルンストへの言い訳を探していました。そのあと、ほかの人たちといっしょに出かけたのですが、わたしはひとりの男に捕まって、背後から抱きつかれ、服を通してその男の体を感じました。それは気持ちがいいと同時に不快でもあり、侮辱的でもありました。あなたは姿を消していて、わたしは旧市街の薄暗い通りに迷いこみ、あたりにはライオンがうろついていて、恐怖をまき散らしていました。わたしはいい加減にしか柵が閉まっていない回廊を抜けていかなければなりません。柵と鉄条網があり、なにかの規則があるのですが、わたしはそれを知らないのです。わたしは迷子になり、恐怖に震えました。それから、あなたと再会したのですが、わたしが男に襲われたと訴えると、あなたはそれを気にも留めず、そんなことはなんでもないと言うのでした。わたしは自分がふたつに切り裂かれるような気がしました。片方のわたしは、あなたの言うとおり、それはなんでもなかったのだと信じたがっていましたが、もう一方のわたしは、あなたがわたしの身に起こったことに関心も同情も示さないことに愕然として、心を締めつけられるような孤独を感じていたのです。

一九二〇年八月三十一日、ウィーン

あなたはわたしを失望させるのを怖がっています。でも、わたしにとっては、一時間あなたがここにいるのは一時間あなたを読むより価値があることなのです。あなたがあなた自身であるかぎり、あなたといることでわたしが失望することはありえません。あなたがちゃんと服を着て来てくれて、まだ話すことがあって、わたしに話すことができて、あなたに手があって、わたしに挨拶してくれるかぎり。ここまでにしておきます。あなたを怖がらせることになるのはわかっていますから。

わたしは、あなたにはわかっているでしょうけど、わたしは怖くありません。

あなたの無自覚なミレナ

＊

じつは、わたしの父ですが、わたしは父にサナトリウムの滞在費を援助してほしいと思っているのですが、そうすれば、父はそれに乗じてわたしが父や父のお金に頼っていることをあげつらうに決まっています。自分のエゴの計算ずくかつ具体的な欲求を満足させるという見返りなしに、なにかを与えることができない人なのです。わたしを生んでくれたことを初めとして、父には計り知れないほどの恩があります。でも、父はわたしが生きていることを永遠に父に感謝すべきだと思っているのです。どれだけの恩があると思っているのかは想像もできません。わたしはもうこれ以上どんな借りもつくりたくないのです。たぶん、わたしが家に戻ってきて、小さな女の子みたいにいっしょに暮らすことが父の望みで、彼はそれを夢見ているのでしょう。父はエルンストが大嫌いで、ユダヤ人が大嫌いなので、わたしを彼と別れさせて、自分だけのものにすることを夢見ているのです。

＊

エルンストは病気です。サナトリウムに療養に行かなければならないのに、仕事に行かなければ解雇されるのではないかと心配しています。はっきり言ってしまえば、彼が出発するかもしれないと思うと、わたしはほっとするのです。そうすれば、わたしは自由を取り戻せます。彼の体から遠く離れれば、わたしは自由に動けるようになる気がします。そんなふうに考えることに罪悪感はありますが。彼の病気は、わたしが貞潔ではないゆえにわたしに降りかかった罰のようです。彼と別れたがっているわたしを病気が非難し、彼の枕元に呼び寄せるかのようです。彼がこういう状態のときに、わたしが離れていくことはどうしてもできません。それは裏切りになるからです。あなたに向かって燃え上がるわたしの炎が、彼への関心や気づかいを奪ってしまったのです。それはわたしの罪です。病気で苦しんでいる彼のそばにいながら、あなたのことを考えて喜んでいるのがわたしは恥ずかしい。この人を哀れんでいることも、彼を愛し、いまでも愛していることも恥ずかしいし、彼を十分には愛していないことも、わたしの愛で救ってあげられないことも、彼とは違う人をネズミみたいに追いかけていることも恥ずかしい。自分のすべてを完全に彼に捧げられないのが恥ずかしいのです。なぜなら、わたしがこういうすべてを話したいのはやはりあなたに向かってだからです。

一九二〇年九月一日、ウィーン

わたしはあなたが欲しい。わたしはあなたに〝イエス〟と言いたい。あなたが求めるすべてがもっと強烈で自信あふれるものになるように、大声で〝イエス〟と言いたい。それは完璧に融合したいという欲望です。よだれを垂らすような淫らな欲望ではありません。動物的な恍惚状態に入りたいというわけではないし、叶えられなかった欲望に苛立って、際限のない欲情に駆られ、湖を泳いで横断したり、山によじ登ったり、冷たいたらいの水にお尻をつけたり、実験室のネズミみたいに輪のなかを走り走り走りつづけずにはいられないというわけでもありません。そういうものではなくて、高貴な愛の欲望なのです。

一九二〇年九月四日、ウィーン

ヤルミラのことはわかりました。彼女はクモの巣に、一連の状況に引っかかって、そこから抜け出す精神力がないので、脱出できないのです。わたしは彼女を憐れんでいる余裕はありません。自分が置かれている状況を憐れまなければならないからです。そういうことはしたくないし、できないのです。わたしのあなたに対する愛は自由です。それを決めたのはわたし以外のだれでもなく、あなたでさえ、いいえ、とりわけあなたではないからです。

あなたはわたしを愛しているとは言いません。たとえわたしが要求しても、そうは言わないのです。それは正しいことなのだろうと思います。結局のところ、あなたがわたしを愛しているのか、どのくらい愛しているのか、わたしは知りたいとは思いません。それを知れば、わたしは義務を負わされることになるし、そうでなくても、わたしのあなたへの愛はすでに十分強いからです。

けれども、わたしは間違っているのかもしれません。もしもわたしとおなじくらいあなたがわたしを愛しているとしたら（愛は深さを測れるものではないし、ふたりがぴったりおなじ程度に愛し合うということもないでしょうが）、あなたがわたしとおなじくらいどうしようもなくわたしを愛していると信じられたら、わたしはもっと強く、もっと無分別になれるかもしれないし、わたしたちの愛は、ふたりで支えられて、もっと軽やかになるかもしれません。そうすれば、わたしたちは動きだし、引っ越し《デメナジェ》したり、わたしが家庭から脱出《デ゠メナジェ》したりできるかもしれません。

でも、あなたがそれを望んでいると同時に怖れていることをわたしは知っています。わたしもですが。

あなたのミレナ

一九二〇年九月五日、ウィーン

フランツK、悪い夢を見たせいで、けさは気分が最悪です。わたしは田舎道を歩いていました。冬の終わりの薄汚い田舎、草は踏みにじられて黄色くて泥まみれ、じめじめした沼地みたいなところでした。わたしはどこかに行かなければならないので、進んでいきます。夜でした。左手には池があり、どろどろした胸がむかつくような灰色の水面に、白い肌のしなびた老人たちが腹這いになって浮かんでいます。わたしに見えるのは背中だけで、もしかすると肌は青あざだらけだったのかもしれません。死んでいるのだと思って、わたしはただ呆然と見ているだけでした。と、まるで電流でショックを与えられているかのように、ときどき体が痙攣しているではありませんか。死んではいなかったのです。そうやって死なないようにしているのだとわかり、わたしはそれを受けいれました(この受けいれてしまうというところがなんともたまらないところでした)。わたしはその道の外れまで行くのですが、そこで道を間違えたことに気づきます。そこは行き止まりで、わたしは道に迷ってしまったのです。

さあ、朝食も取り、気分はすこしよくなりました。たくさんの人たちがわたしのことを心配しているのはわかっています。わたしはあなたに苦労をかけすぎています。それがわたしの助けになると同時に重荷になっています。わたしは是非とも自立して、ひとりでなんとかしたいのです。それはそれとして、妖精たちが揺り籠を覗きこむように、あなたがわたしを覗きこんでいると思うのがわたしは好きです。わたしはよい波動に運ばれているのを感じて、元気になります。これから郵便局に行ってきます。わが親愛なる作家さん、あなたがそこにいてくれればいいんだけど。

*

あなたが意地悪になるときがわたしは好きです。ヴラスタ*9の金歯の話には大笑いしました。結局、人がどんな動機で動いているのかはわからないものですね。彼女は金歯が美しいと思っているのでしょうか？　自慢なのでしょうか？　人の肉体的な特徴をからかうのはいつだってとてもおかしいものです。「それはどうしようもないことだから」と人は言い、罪のない言い方に聞こえますが、実際には、いろんなことを言いますからね。肉体的な外見はその人の心をかなり表しているものです。わたしはあなたの肉体的な外見が好きです。そして、それが好きだとあなたに言うことがわたしは好きです。

ミレナ

一九二〇年九月六日、ウィーン

ヤルミラに会いにいってください。あなたが眠っているあいだに来たのは彼女に違いありません。たぶんなにか大切なことを言いたかったのでしょう。わたしは彼女のことが心配です。

一九二〇年九月七日、ウィーン

あなたがとてつもなく面倒な人で、棺《ひつぎ》の蓋《ふた》みたいに閉鎖的で、あなたが出発して彼女が、ヤルミラがほっとしているというのは、ああ、なんとすてきなことでしょう。おわかりでしょうが、わたしはあなたの言葉を書き写しているのですよ。できれば、もっと深く理解したいと思って。あなたが聡明で、明晰で、かぎりなく面白い人なのは、わたしにとってだけなのです（あなたの読者にとってもだけど、それは当然で、数には入らないし、わたしはそれについては考えたくありません）。

あなたはどうしてわたしの期待どおりのことを言えるのかしら？　あなたはとても、とても抜け目がないのですね。

手紙はまったく信じることができない、とあなたは言います。最高にすてきな手紙のなかにも虫がいるのだからと。手紙を書くのをやめてほしいのですか？　手紙がなければ、虫もいないはずだから。

ミレナ

一九二〇年九月八日、ウィーン

わたしがあまり手紙をくれないとあなたは言うけれど、わたしはいままでいつもそうしてきたのとおなじように書いているのですよ。つまり、書かずにはいられなくなったら。

それが義務だと感じるやいなや、そうするのが自然のなりゆきだということになるやいなや、わたしのなかではドアが閉じてしまいます。わたしはいい兵士にはなれないでしょう。少なくとも手紙に関するかぎりは。わたしにとって、それは完璧な無償行為なのです。わたしがこうしたいと思っても、そのとおりにはできません。手紙を書くのをやめてほしいか、とわたしはあなたに訊きましたが、それでも、わたしは思わず書いてしまいます。わたしの心があなたの心に向かって噴き出してしまうのです。たとえあなたが手紙を受け取らなくても、わたしからあなたに向かって流れていくものがあることを、わたしの川の流れがあなたの海にそそぎ込むように、わたしの思いがかぎりなく流れていることはわかっているはずです。

わたしが何を望んでいるのか、それはわたしにもわかりません。わたしはあなたがわたしの手に余ること、あなたがふいに現れること、あなたを丸めこもうとしてもそれが不可能であることを望みます。わたしはあなたが神に、わたしが闇のなかで見つめる神になってほしいのです。ただそれだけです。わたしはいつももっと欲しがり、あなたはいつもそれを受けいれなければなりません。わたしの望みは、あなたがあなたの人生を、まるでなんでもないかのように、わたしにプレゼントすることです。わたしはあなたを慰めたい。あなたの世話をしたい。わたしはこどもたちの誓いの言葉が、一生つづく、永遠につづく誓いの言葉が欲しいのです。たとえリンゴのなかに虫が入っていても、わたしはそれを飲みこむでしょうし、それを愛するでしょう。あなたみたいに。

ミレナ

追伸1

あなたの日記を送ってください！

追伸2
あなたはどうやってヴラスタとわたしの父に自分に都合のいいことを勧められたのでしょう。〈白い雄鶏亭〉で一日二食だなんて!!!

一九二〇年九月九日、ウィーン

ロシアから到着して、役場の部屋に詰めこまれた哀れなユダヤ人のこどもたちを見ると、自分の運命を自分で決めることなく、それを親の手に委ねてしまう、責任のないこどもになることを夢見る、とあなたは言います。幼いこどもたちの弱さや従順さを失ったことをわたしは残念だとは思いません。大人が決めることはなんでもやらなければならなかったり、不公平や、判断の誤りや、いろんな命令や、ばかげた確信や、とりわけ大人たちの無能さを耐え忍ばなければならないなんて。

一九二〇年九月十二日、ウィーン

あなたがヴラスタに手紙を書くことを禁止します。わたしの問題にはもう口を出さないでください。

わたしは物乞いではありません。あなたはわかっていないのです。

一九二〇年九月十三日、ウィーン

フランク、

あなたの沈黙はわたしを突き刺し、わたしに穴を穿ちます。もう毎日は手紙を書いてくれないのですね。一日の時間が過ぎていくにしたがって、わたしはますますあなたに取り憑かれ、あなたの不在がすべてになります。あなたはどこにいるのですか？　何をしているのですか？　苦しんでいるのですか？　わたしはあなたの不安を理解していませんでした。もう理解できないのです。わたしにはもうなにもわかりません。あなたはわたしを待っているのですか？　わたしが欲しいのですか？　あなたが姿を消せば、わたしはすべてを疑いだします。あなたが手紙をくれなければ、わたしの勇気は挫け、深淵が口をあけます。わたしはあなたのことが心配なのです。どんな波があなたを呑みこんでしまったのでしょう？　ああ、あなたのそばにいることを、あなたを支え、あなたといっしょに歩むことをわたしはどんなに望んでいることか。

あなたは意地悪な動物です、あなたにとっても、わたしにとっても。

わたしはわたしたちのあいだに裂け目がひろがっているのを感じています。わたしたちの手紙がおたがいを傷つけあっているのです。あなたはわたしのためにそれをなんとかしようとしていますが、わたしにはそれが耐えられないのです。あなたはヴラスタに会い、ヤルミラに会っていますが、わたしにはけっして会おうとしません。わたしはあなたにとってもうおぼろげにしか存在しないような気がして、遠くにいると、頭がおかしくなります。そして、あなたに対して意地悪に、不公平になるのです。こんなことはやめなくてはなりませんが、わたしにはあなたの手紙が必要です。わたしを見捨てないでください。わたしたちに残されているわずかな喜びを禁止しないでください。たとえ苦しくても、手紙はわたしたちがいっしょになれる時間です。この結びつきをわたしはもはや愛と呼ぶ勇気はないけれど、それでもわたしはそれを必要としています。もしもあなたがもう手紙を書いてくれないのなら、あなたは消え失せ、それと同時にミレナも消えてしまいます。わたしたちがたがいに手紙を書いているときの心の安らぎをあなたは感じないのですか？　わたしたちの信頼関係をもう感じないのですか？　あなたの手紙をひらくとき、わたしは世界がくずれ落ちてもかまいません。これは決まり文句かもしれませんが、わたしにはなにも聞こえないし、見えないのです。それくらいわたしはあなたといっしょになるのです。手紙を書くというのはいっしょになるためのとても深くて真実な方法です。ほかのやり方ができないのだから、わたしたちの体を言葉と一体にしましょう。あなたがわたしの髪を分けると言えば、わたしは自分の髪に差しこまれるあなたの手を感じます。あなたがわたしはきれいだと言えば、わたしは頰笑《スリ》み、あなたに頰笑《スリ》みかけて（あなたのソファーの下に走りこむかわいいネズミ《スリ》になり）、またきれいになります。言葉には創造し、復活させる力があるのです。わたしはあなたがもっと生きていてほしい。たとえあなたがもう手紙を書いてくれないとしても、わたしは『トリブナ』紙の毎回の記事のなかであなたに向かって書きつづけます。どんな細部にもわたしがいることになるでしょう。わたしとおなじように、わたしといっしょに、これを見て、あれを見て、とわたしは言い、あなたは見ることになるでしょう。それは呪いのようなものなのかもしれませんが……。あなたは返事をしないでしょう。そうしなければならない義務はないからです。

わたしはあなたからの、とてもすばらしくて力強い、いちばん最近の手紙を読み返しています。あまりにも深く感動して、消えいりたくなっています。これを生きて、最後にもう一度だけあなたの手紙を読んで、消え去ること。それこそわたしにとってはすばらしい最期になるでしょう。わたしたちの終わりはもう既定の事実なので、わたしはあなたの手紙を全部持ってきて、ベッドの上にひろげ、そのなかを転げまわって、何度も読み返しながら、さめざめと泣いています。わたしは（またもや誤りを犯した愛する小娘の）苦しみのなかで溺れるのです。フランツ・カフカを愛するべきではなかった。彼はすでに死んでいたのだから、それは不可能なことでした。あなたの言うことはいつも怖ろしいほど正しかった。たしかに、愛する小娘は、こどもはそれを知っていました。けれども、彼女は誤りを犯したくて仕方なかったので、愛した男たちについてはいつも誤りを犯してきました。あまりにも愛しすぎたのです。ただただ愛しすぎたのです。とりわけ作家を愛すべきではありませんでした。わたしたちはおなじ世界の住人ではないのだから。あなたは自分が不滅の存在であることをすでに知っているのかもしれません。わたしはそれを知っています。わたし自身が確実に死んでいく存在であることを知っているように。わたしの人生は、それがだれかほかの人の——あなたの——役に立つのでなければ、なんの価値もないことを知っているように。わたしは川底のあなたを迎えにいくために溺れたかったのです。そして、それに失敗したことにいまでも涙を流しています。わたしはすべてが欲しかった。わたしはあなたが欲しかった。わたしは生きたかった。たとえ一日でも、わたしはあなたと生きたかったのです。けれども、ふいに、なにもしてはいけないことになりました。手紙を書くことさえも。わたしはそれに従います。涙と悲しみを忠実な同伴者として。

一九二〇年九月二十三日、ウィーン

フランク、お願いです、わたしたちのあいだで起こったことを悪く言うことはやめてください。それはあなたのものではないのですから。

　あなたがわたしにとって妨げになったことはありません。この挫折にはわたしも手を貸したのです。わたしは挫折だとも言いたくありません。わたしはあなたを愛したし、いまでも愛しています。あなたのためにはなにも言いたくありません。あなたは地下の生きもので、いまでもすばらしいままです。あなたが誤りを犯したとすれば、わたしはそれを赦します。わたしは全能なのですから。わたしはわたしたちの出逢いとやりとりのとても信じられないような威力を覚えています。

昨夜、わたしは奇妙な夢を見ました。夢のなかで、わたしはまだ幼くて、母がまだ生きていました。だから、とてもよかったのですが、わたしは二匹のハムスターを檻《ケージ》に入れて飼っていたのに、ちゃんと世話をしないので、母は怒っていました。ケージは汚れて、悪臭がしていたのです。冬でしたが、母はいい加減うんざりして、ケージを外に、中庭に出しました。けれども、わたしはそんなことは気にも留めずに、友だちと遊びに行ってしまいました。それから、ハムスターのことが気になって、柔らかいベージュの毛並みをしたわたしのかわいい子ネズミちゃんのところへ行くと、硬直して、じっと動かず、死んでいたのです。とても寒いなか母が外に出したのに、わたしは心配することさえしなかったのです。それは雄と雌のつがいでした。わたしは小さい墓穴をふたつ掘って、まず雌をそこに入れ、雄を手のひらにのせたまま、その上に涙をこぼしていました。ところが、しばらくすると、それが動いたのです。生きていたのです。齧歯類は寒くなると冬眠するのです。わたしはあわてて雌を掘り出しましたが、手遅れでした。わたしのせいで、わたしの無知と不注意のせいで、窒息して死んでしまったのです。わたしは愛情と罪悪感でいっぱいになってその雄を持ったままでいました。

わたしたちの愛を掘り返して非難しないでください。それはそのままにしてあげてください。わたしたちなしで、わたしたちの外側で、わたしたちの幽霊が相変わらず軽くふれ合ったり、愛を交わしたりすることさえあるのを知っているでしょう。ほうっておきましょう。幽霊に嫉妬するのはやめましょう。彼らだってときにはわたしたちを受けいれてくれることもあるのだから。

彼らの息吹がわたしたちの肺を通り抜けます。どうにかこうにか。息が詰まりそうなのはわかっています。ウィーンは狭すぎるのです。プラハはもっと狭いし、ヨーロッパ全体が詰めこまれすぎていて、いまにもくずれ落ちそうなので、逃げ出さなければなりません。

いいえ、わたしはサナトリウムには行きたくありません、たとえあなたといっしょでも。わたしは横になりたくはないのです。わたしはいまや死ぬのが怖くなっています。山々でさえ圧迫感を感じるヨーロッパの外へ逃げ出す必要があります。この世界の外ならどこでもいいけれど、アメリカかパレスティナへ逃げて、別の人生をはじめるのです。もしもあなたがそうしたければ、わたしは羊みたいにあなたに付いていくでしょう。移民を満載した船が毎日ヨーロッパから出ていきます。わたしたちだって出ていけないはずはないのです。そう、わたしはあなたの世間知らずの女のままです。あなたの迷宮の邪悪さについてはなにも知りたくありません。

ミレナ

一九二〇年九月二十四日、ウィーン

家でなにも書いていないあなたの絵葉書*10を、この単純な合図を受け取るのがわたしにはどんなにうれしいことか、あなたにはわからないでしょう。たいていは朝ですが、それを持ってきてくれるのはマダム・コーラーです。なんという喜び。わたしの心臓は跳ね上がります。そういうとき、わたしは急いで服を着て、郵便局まで走ります。いいえ、走るのではなくて、飛んでいきます。自動車はわたしを通してくれ、みんながわたしに道を譲ってくれます。時間が止まってしまうのです。大いなる喜びと大変な不安。わたしはいつも失望させられるのが、あなたが引き下がってしまうのが、あなたがもうそれを信じなくなってしまうのが怖いのです。手紙を受け取って、郵便局員にお礼を言います。彼にはわたしの最上級の頬笑みを受け取る権利があるのです。はっきりとはわかっていないでしょうが、何が起こっているか感づいてはいるでしょう。手紙はわたしの手を火傷させます。わたしはそれを胸に抱きしめ、雨が降っていれば、そのわたしの宝物を服の下に隠します。帰り道の長いこと。絵葉書が何を意味しているかを知っているマダム・コーラーは、ちらりと笑みを浮かべて、わたしが通るのを見ています。階段が果てしないこと。それから、わたしは自分の部屋に閉じこもって、あなたの手紙を読むのです。手が震え、呼吸が荒くなります。手紙をあけて、わたしは笑い、わたしは泣きます。そして、さらにもっと震えるのです。

一九二〇年九月二十五日、ウィーン

フランツK、完璧であることは不可能だから、さまざまな無理解のゆえに、他人の悪口雑言のゆえに、あなたはわたしたちをあきらめようとしています。前にも言ったことですが、純粋さは存在しないのです。わたしは純粋ではないし、あなたも純粋ではないし、わたしたちの愛もそうではありません。けれども、それがわたしたちを成長させてくれる可能性はあります。死と不安は――原罪のむかしから――わたしたちのなかにあり、わたしたちはそれを抱えたまま生きるしかないのだから、そこに愛の存在理由があるのです。そういう腐ったものを洗い流してくれるのです。わたしたちは取るに足りない存在だし、不純だけれど、おたがいに向かって書くことで、おたがいに愛し合うことで、それを吹き飛ばせるのです。わたしの望みにはなんの変わりもありません。あなたはけっして自分を見捨てないでほしいとわたしに懇願したけれど、いまではわたしを追い払おうとしています。

それをどう解釈すればいいのでしょう？

あなたには愛する力がないのです。

「愛とは、それでわたしが自分の内部をほじくり返すナイフにきみがなるということだ」とあなたは言います。

もしもわたしがナイフなら、あなたは牡蠣《かき》で、水底に沈んだままに放っておかれるでしょう。わたしにとって、愛はいっしょに飛翔すること、それをとらえ、呼び起こさなければならない恩寵の瞬間です。わたしはわたしたちのために翼をつくりだすのです。

一九二〇年九月二十六日、ウィーン

この花束はどうしたのか、とあなたが訊ねるとき、あなたはだれがわたしに贈ったのか知りたいのでしょう……。わたしは初めて花束をもらったときのことを思い出します。わたしは十四歳で、わたしの父の親友が目の手術のために入院していました。とてもいい人で、わたしも気にいっていたので、お見舞いに行くことにしたのです。わたしはスミレの花束を買って、病室に入っていったのですが、見ると、その人は目に包帯をしていました。ふいに、わたしは事の重大さを悟ったのです。彼はもう二度と視力を回復しないかもしれず、見ることのできない花束はかえって彼をひどく苦しめることになるかもしれなかったのです！　わたしはひどくあわてて花束を捨てると、彼に走り寄ってキスをしました。不器用なキスは最初は鼻に、それから顎にしてしまうことになり、わたしは顎ひげの感触を覚えています。わたしは赦してもらいたい一心でした。彼には何のことかわからなかったでしょうが、わたしはそうせずにはいられなかったのです。わたしはもごもごなにごとか言い、恥ずかしさで顔を真っ赤にして、彼に跳びつきました。彼はどう思ったでしょう。どうしてそんなことをしたのかはいまでもわかりませんが、ともかく、それがわたしの初めてのキスで、それは嫌な気分ではありませんでした。その翌日、自宅で、わたしは生まれて初めての花束を受け取りました。豪華なリラの花束で、〝お嬢さん、病人が受け取ることのできる最高のプレゼントをありがとう〟という言葉が添えてありました。

わかるでしょう、フランク、わたしが病人にどんなに親切かということが。

一九二〇年九月二十七日、ウィーン

あなたに不安がなくなれば、あなたは死んでしまうでしょう。あなたは、フランク、絶滅種の動物、追いつめられて巣穴を探している動物なのです。あなたは不安のなかで、不安のおかげでしか生きられないのです。なぜなら、不安こそがあなたを生につなぎ止める警報装置で、それがあなたの命を守っているのだから。地下に隠れるのもいいでしょう。でも、人間は地面の下では生きられないことを悟ってください。わたしが息のできるチャンスを与えてあげましょう。地中に隠れても救われるわけではありません。死神はわけなくあなたを捜し出すでしょう。肉食動物が傷ついた餌食を嗅ぎつけるように、死神は不安を感じるのです。もちろん、わたしも不安を感じます。それはそこらじゅうの街角にあるからです。ますます猛々しく放たれる侮辱の言葉、憎しみ、ユダヤ人大虐殺……。でも、わたしはその不安を鷲づかみにして、壁の向こう側に投げ捨ててやります。笑いながら、いくらでも吹き飛ばしてやります。そうして、思いきりしかめ面をしてやるのです、そうすれば、もう近づいてこなくなります。わたしは死なんか、リスクなんか気にしていないと死神に言ってやります。あなたはそれを犠牲と呼ぶけれど、それがわたしの生き方なのです。無知のまま、無邪気なまま生き延びていくのです。わたしの母はわたしが見ている前で死んでいき、わたしはなにもできませんでした。わたしにはそれ以上悪いことは起こらないでしょう。あなたとおなじように、わたしも絶滅種の動物であることを、だれも保護できない種族であることを知っています。わたしは保護されることを拒否します。自分が死に向かって歩いていることを知っているからこそ、わたしは生きようと心を決めているのです。そして、ときには、愛することがわたしを深淵のふちから遠ざけてくれるのです。

ミレナ

一九二〇年九月二十八日、ウィーン

あなたは書くべきだと思います。したがって、わたしに手紙を書くのをやめるべきでしょう。書くことがあなたを生につなぎ止められるただひとつのことなのです。きょう、わたしはそれを理解しました。だから、急いであなたに手紙を書いています。あしたになれば、わたしはもう理解できなくなり、この手紙がわたしの心を引き裂くでしょうが、手紙はもう投函したあとで、わたしはひそかに苦しむだけです。あなたがいなくなれば寂しすぎるので、わたしは理解できなくなってしまいます。わたしは中毒患者です。わたしはいつもずっとあなたがそばにいないのが寂しかった。あなた自身にとってもそうだったように。あなたが不在でないのは、あなたがほんとうに存在するのはあなたの文章のなかだけでした。わたしにはもう手紙を書かないでください。作品を書いてください。

一九二〇年十月二日、ウィーン

わたしたちは通過点に到達しました。世界がわたしたちのあいだにむりやり突破口を穿とうとしています。世界はいつだってわたしたちを切り離そうとするのです。分割するのが仕事だからです。創造はそうやって、分割し排除することで行なわれたのです。わたしたちが住んでいる世界は腐りきっています。プラハのユダヤ人市庁舎の火災以降、ユダヤ人は侮辱され、追い立てられ、夜、帰宅するときにはゴキブリみたいに壁にへばりついて歩かなければなりません。彼らは恐怖のただなかで生きています。あなたも彼ら同様にわたしたちのキリスト教社会があなたに課した役割をみごとに演じています。だから、わたしはいつだったか訊いたのです。あなたはユダヤ人なのか、ユダヤ人になりたいと思っているのかと。わたしたちがこの世界を拒否して、ほかの場所にわたしたちの世界をつくればいいのです。そこに至る道を見つけ出そうではありませんか。あなたは動くことを、移民することを夢見ています。言っておきますが、まだ間に合うのですよ。アメリカもあるし、あなたはヘブライ語がわかるのだから、パレスティナもあります。わたしたちの世界は死にかけています。どこでもかまわないから、大至急どこかほかの場所に別の世界をつくる必要があるのです。

一九二〇年十月十日、ウィーン

わたしはあなたの夢を見ました。わたしたちは列車の隣り合った席に坐って旅をしていました。もうひとり別の男の人がいて、彼がわたしのうなじにキスをしました。クルクル動きまわる、魅力的な人でした。あなたは落ち着きはらって、坐っていました。わたしたちは信頼と深いけれど慎みのある欲望の流れのようなもの、緊張感のようなもので結ばれていました。列車はときには船——危なっかしい目的地に向かう客を乗せる船——になったり、ときには飛行機になって空を飛んでいくのでした。どこに行こうとしていたのかはわかりません。

一九二〇年十月十一日、ウィーン

フランク、もうあなたしかいません。あなたにはあなた自身しか見えないのです。あなたは自分のなかに閉じこもって、三重の鍵をかけてしまいました。そうしようとは思わずに、あなたはわたしを忌避しています。あなたの夢はすてきでした。わたしは火で、あなたも火で、わたしたちはいっしょに燃えていました。そうやって、いっしょに意識を失えばすてきだったでしょう。意識を失っているうちにいっしょに死んでいくなんて。でも、それはふたたび生まれるためです。なぜなら、ほんとうは、わたしは死にたくはないので、けっして同意しないでしょうから。けれども、この夢のことをあなたは理解しませんでした。あなたはもうわたしを欲しがっていないし（あなたはハエをたたくみたいに、わたしを布巾でたたくのです！）、わたしを幽霊みたいに見ています。いいえ、ミレナは幽霊ではありません。ミレナは、たとえカフカ博士の言葉でも、言葉だけでは生きていけないのです。あなたがわたしのことを思うだけでは足りないのです。

ヴィーナーヴァルト〔「ウィーンの森」の意。ウィーン郊外の森林・丘陵地。この地のサナトリウムにカフカも滞在した〕かグリメンシュタイン〔ウィーンの南八十キロほどに位置する町。カフカからミレナへの手紙に、この土地のサナトリウムへの言及がある〕のサナトリウムにいっしょに行きたがっていますが、あなたはとても体が弱っていて、話をすることさえできないのです。それなのに旅をすると言うのですか？　しかも、わたしがエルンストを置いていけないことを知っているのに。

あなたはそうしたいけれど、そうしたくないのです。

ヴェルフェルの『鏡の男』〔フランツ・ヴェルフェル（一八九〇―一九四五）はプラハ生まれのユダヤ系ドイツ語作家、劇作家、詩人。戯曲『鏡の男』は一九二〇年刊〕を読んだのですね。

あなたがそれを貪るように読んだと知って、わたしはとても満足です。あなたが貪るのは本だけですから。でも、気をつけてください。言葉では栄養は取れません。それはあなたを貪る吸血鬼なのです。

一九二〇年十月十二日、ウィーン

フランク、わが友よ、わたしは体調がよくありません。熱があって、ベッドで横になっていなければならないのです。インフルエンザです。嫌になります。眠ることさえできないのだから。やることがたくさんあるのに、なにもしていません。麻痺状態を強制されているのです。胸がむかつくので、お茶さえ飲めません。病気になれば、わたしはあなたにはなんの役にも立てません。わたしの思いは、吐き気を抱えて、ここに止まるだけです。あなたのところまで行く気力がないのです。手紙を書きだしても、途中で紙を丸めてしまい、書きおえるのは不可能です。もうあなたに言うことはなにもないし、エネルギーもありません。ようやくあなたの困難が、石のような重苦しさがすこしわかるようになりました。万力に締めつけられているような時間。目も痛いし、想像力はどこかに蒸発してしまいました。ほんの一瞬あなたを思い浮かべることさえできません。イメージがボロボロ剝がれ落ちていってしまうのです。

SOSのミレナ

一九二〇年十月十八日、ウィーン

フランク、たぶん重要なお知らせです。エルンストは本気でパリに移住することを考えています。向こうでは、彼は安全で、自由に振る舞えるでしょう。向こうでは、貧しいユダヤ人はそんなに多くないので、敵愾心もそれほど強くないでしょう。そうなれば、わたしはあなたと暮らせると思います。わたしたちは毎夜毎晩いっしょに眠れるのです。信頼。やさしさ。あなたは書き、わたしも書く。食事。日常。静かで穏やかななにか。なにも言わないあなたがいること。わたしはウィーンとEを捨てるのです。

わたしたちは思っていたよりも早く自由になって、いっしょに暮らせるようになるでしょう。

追伸

『商人』〔カフカの短篇小説。一九〇八年発表〕のわたしの翻訳が掲載されている『クペチュ』誌〔プラハのチェコ語雑誌〕を送ります。わたしが〈幽霊の手紙〉を〈bubácké dopisy〉と訳しているのをどう思いますか？　誤訳がたくさんあることに気づくでしょうが、指摘してもらえればと思っています。

一九二〇年十月二十六日、ウィーン

いいえ、陽気さは悲しみの反対ではありません。それは悲しみを栄養にして、いちだんと強くなるもので、悲しみのひとつのかたちなのです。世界が悲しいからこそ、その連れ合いである陽気さが存在するのです。わたしの体調が悪いとき、あなたがおなじようになっても、なんの役にも立ちません。それどころか、あなたが丈夫で健康だと知るほうがわたしを早く快復させてくれるのです。

もしも抗いがたい力で引き寄せられるのを感じていれば、わたしはあなたのもとに行くでしょう。けれども、あなたはその力を可能なかぎり抑制しようとしています。わたしが行っても、受けいれてもらえるかどうかさえ定かではないのです。そのうえ、わたしには泊まれる場所がありません。あなたは相変わらず両親の家に住んでいるからです。生活を自分の望むかたちにすることが、自分にとってよいものにすることがあなたにはできないということが、わたしを当惑させます。憎しみと侮辱のなかで暮らすことに、あなたはどうしてまだ耐えていられるのでしょう。軽蔑という段階はもうとっくに過ぎていて、いまや大っぴらにユダヤ人狩りが行なわれています。あとどのくらい警察や憲兵隊の銃剣の隊列が大衆の圧力に耐えられるというのでしょう。それがあなたに向けられるときが来るまであなたは待っているつもりですか？

そうです、わたしはあなたに手紙を書いています。なぜなら、わたしのなかにはあなたに語りかけるものがあって、たとえあなたがサナトリウムのことで――わたしが数字には関心がなく、お金やその管理にまつわるすべてが大嫌いだと知っていながら――際限もなくこまごまとした複雑な計算をしてわたしをうんざりさせているとしても、わたしはそれを抑えきれないからです。あなたはわたしの父を思わせます。インフルエンザのせいかどうかわかりませんが、ひどく無気力になり、抗しようのない麻痺状態に陥って、わたしの全身に悲しみが浸みわたっているので、あなたの勝ちだと覚悟しなければならないでしょう。あなたの考えがわたしに感染して、わたしはあなたから離れていかざるをえないと感じています。こんなふうに断念させられることをわたしは一生恨むでしょう。あなたがわたしのなかに火をつけておいて、欲望への翼を切り落としたことを恨むでしょう。ありえたかもしれないミレナを、わたしのひとりを殺したあなたのエゴイズムを恨むでしょう。あなたがわたしに手紙を書いたのは自分のためでしかなかったとさえ思いたくなります。

そうです、わたしは苦しいのです。お腹が痛くて、吐き気がし、激しい怒りを感じていて、罵詈雑言を浴びせたいけれど、死にたくはないのです。いつも不在で卑屈なだけで、三年前からわたしが養ってやっているのに感謝のひと言もないエルンストとは別れるつもりです。彼とは別れられると思いますが、こんなふうにできるのはわたしのなかの攻撃的な部分を目覚めさせたあなたのおかげかもしれません。わたしが離れていくのは、この苦しみにけりをつけるためです。わたしにあなたを嫌いにさせたあなたが嫌いです。わたしは死ぬまであなたを愛したかったのに。

追伸1

旅行ができる状態になったからには、十分健康になったからには、あなたはサナトリウムに行くべきだと思います。ちゃんと栄養を取って、治療を受ける必要があるのです。あなたは注射が大嫌いで、医者を警戒していることは知っていますが、新鮮な空気があなたのためになるでしょう。

追伸2

ウィーン経由で行くのでわたしに会えるだろうとあなたは言っていますが、わたしには信じられません。でも、ともかく列車の時刻表を送ります。

追伸3

きのう電話で新聞社に持っていってくれるように頼んだチェコ語のレッスンの広告が日曜日の新聞には見当たりませんでした。あなたは行けなかったのですか？

一九二〇年十月三十一日、ウィーン

フランク、わたしはあなたに会えなくて寂しい。ほかの人たちはいくらでもどこにでもいるのに、あなたは姿を消してしまう。あなたはとくにわたしを寂しがらせようとしているのです。世界でいちばんあなたを愛しているこのわたしを。手紙があなたの健康を台無しにしたのです。かつてはわたしたちを結びつけた手紙がいまではわたしたちを引き裂いています。わたしはナイフだとあなたは言うけれど、わたしはナイフになりたくありません。わたしは犯罪の凶器ではないのです。わたしがウィーンとグミュントで会った男はもう存在しないとあなたは言います。

深淵が口をひらきました。

わたしは愛と欲望を信じたのです。あなたがわたしを奪い取ろうとしないことはよくわかっていますが、あなたの病気がわたしからあなたを捥ぎ取ろうとしています。あなたには選択の余地はなく、体を縮めているしかなくて、わたしに手紙を書くことさえ責め苦になっているのです。あなたは——それが自分の生き方だと悟っているとおりに——森の外れにとどまり、自分の巣穴の近くから離れることはないのに、わたしは二本の足で大地に立っています。この地表に。光のなかに。ときには、わたしは頑丈な農民の女に、母親に、従順な妻になり、肉体労働に明け暮れる自分を夢見ることもあるのです。わたしは書いているわけではありません。生きているのです。ほかの生き方はできません。だからこそ、あなたが必要なのです。あなたの体が、あなたの声が、あなたの手が。空のように青くなるあなたのきれいな灰色の瞳が。わたしがずっとそばに置きたいと思っている善良で、深みのある眼差しが。わたしがプラハに戻れたら、とも思います。わたしがあなたとおなじようにプラハで暮らしていたら、わたしたちは知り合えたのでしょうか？　わたしたちの運命が結びつくことをどうして避けたりできたのでしょう？　わたしはあなたにはなにも要求するつもりはありません。あなたが自分の意志でそうしているのではないことを知っているからです。愛し合うということは自分たちにはどうしようもないある力に従うことです。書くためには、あなたは引きこもり、静寂のなかで生活する必要があることをわたしは知っています。別の力に従わなければならないことを。そして、わたしは自分がもうあなたの手紙を欲しがっていないことも知っています。わたしは紙だけでは生きていけないからです。

だから、そうしなければならないのなら、わたしを捨てて、生き延びてください！　もしかすると――わたしは一瞬とんでもなく楽観的になって、こんなことを言うのかもしれませんが――あなたが存在すると知っているだけでわたしには十分なのかもしれません。いずれにせよ、あなたは死んでしまうかもしれないと言うのだから、わたしはそれで我慢するしかないのでしょう。もうわたしには手紙を書かないで、小説を書くことに集中してください。わたしはそれを、あなたから出てくるすべてを読むでしょう。あなたについて書かれるものさえすべて読むでしょう。そして、あなたを翻訳するでしょう。そうすることで、わたしはあなたといっしょにいるでしょう。

一九二〇年十一月一日、ウィーン

とても親愛なるフランク、

いまはあまりにもいろんなことがあって、わたしはあなたに手紙を書く勇気がありません。とても重要な諸々、わたしを支えている諸々、あなたを苦しめる諸々が。だから、他の人たちの小説のことを話しましょう。

わたしはアプトン・シンクレアの『ジミー・ヒギンズ』〔シンクレア（一八七八―一九六八）はアメリカの社会主義作家。『ジミー・ヒギンズ』は一九一九年刊〕を読みました。この本にはほんとうにショックを受けました。戦争のむごたらしさがこれほど正確に描かれたことはなかったでしょう。それが人間にどんな暴力を強い、どんな破壊をもたらすか。こういう物語が絶対に必要なのだと思います。こういう本は拷問のシーンに目をつぶったりはしません。なぜなら、それは戦う人間の残酷さや狂気を抉《えぐ》り出し、精神を揺すぶってそういうものに逆らう可能性を与えてくれるからです。『クメン』誌でわたしが翻訳したこの小説の一章を読むことができます。パーキンス〔『ジミー・ヒギンズ』の登場人物〕による拷問の場面です。

アレシュ〔ミコラーシュ・アレシュ（一八五二―一九一三）はチェコの画家〕の本とボジェナ・ニェムツォヴァー[11]の『おばあさん』を送ってもらえますか？　元気を取り戻すために読みなおしたいと思っているのです。わたしは彼女の善意やオプティミズムを必要としています。チェコ語の授業のためによい綴り方と書き取りの教科書も必要なのですが。

あなたのミレナ

一九二〇年十一月五日、ウィーン

本をありがとう、フランク。アレシュの本の代わりにチェーホフを送ってくれたのはよかったし、韻文の綴り方の本も役に立つと思います。『おばあさん』は、たとえ判読できない箇所があるとしても、わたしがまさに必要としていた本です。いずれにせよ、わたしは内容をほとんど暗記しているのです。わたしはこのすばらしいおばあさんをずっとそばに置いておきたいと思います。この本を読むとき、わたしは幼い少女のバルンカ〔『おばあさん』の主人公の孫娘〕になり、そうするとなにも怖いものはないという気持ちになります。

時間を無駄に使わせてしまいましたが、この買い物があなたにとって迷惑でなかったことを祈ります。

わたしは、あなたがウィーンを通るときエルンストに会ってほしくありません。

M

一九二〇年十一月十一日、ウィーン

なぜ広告が掲載されなかったのかを説明している手紙をいま受け取ったところです。ずいぶん苦労したようで、感謝しています。広告係の女性のところでどんな椿事《ちんじ》があって、結局は余分な料金を払わずに済んでほっとしたことを、あなたは微に入り細を穿って報告してくれました。あなたはとても親切で、良心的ですね。賞状をもらってもいいくらいです。その点では文句なしですが、あなたは自分のことも、わたしのことも、わたしたちのことも話していません。結局、なにも言っていないのです。そういう話題を慎重に避けているので、あなたは本来のあなたではなくなっています。あなたの不安やわたしに会いにこられないことで、わたしがあなたにうんざりしていると信じこんでいるようですが、じつは、わたしをうんざりさせるのはこういう種類の手紙なのです。わたしが生理的に打ちのめされるのはこの種の手紙のせいです。こういう死んだ手紙をもう二、三通送ってくれれば、あなたは今後数世紀はなんにも煩わされずに過ごせるでしょう。チェコ人のミレナは完全に死んでしまうだろうからです。

お願いですから、わたしには本心を言ってください。わたしはあなたを知っているし、通行証をもらうためのいろんな手続きやユダヤ人に課されているさまざまな制限があなたにとってどんなに重荷になっているかも知っています。でも、それでも、そういう重荷を背負ってでも、あなたは来られるはずだと思うし、生き延びるために、あなたはそうしなければならないのだと思います。

一九二〇年十一月二十日、ウィーン

フランク、そこらじゅうでユダヤ人狩りが横行しています。あなたは移住する必要があるのです。それだけがただひとつの解決法です。

けれども、あなたがそんな状態なのだとすれば、あなたを〝打ちのめした〟のはわたしだったのだと思わずにはいられません。わたしは誤りを犯したのだと思います。わたしは良心に従って、そうすべきだと思われる行動をとってきたのですが、どこでかはわかりませんが、どこかで間違えたのです。そう思うと、頭がどうにかなりそうです。これから立ち直ることはできないでしょう。わたしがいないとき、あなたはもっとよく生きていた。あなたはもっと軽やかだったし、生きることができていました。わたしたちの愛はあなたにとって不可能な山だったのです。あなたに手紙を書いたりしなければよかったのだと思います。

一九二〇年十一月二十二日、ウィーン

あなたはわたしの沈黙の理由を訊ねます。あなたは自分のなかに閉じこもり、あなたの言葉はもうわたしに語りかけようとはしません。あなたは自分のまわりに枠をつくって、その範囲をどんどんひろげています。あなたはお金やその計算のことしか話さないけれど、それがわたしに耐えがたいことを知っているはずです。あなたはほかの人たちのことを話すけれど、ほかの人たちがどう考えようとわたしの知ったことではありません。彼らの考えがこの世界を腐りきったものにしているのです。いま、あなたはそういう他人やお金を通してわたしたちを結びつけようとしているのです！　他人はなんの助けにもならない、とあなた自身が言っているにもかかわらず。わたしは強力な援軍だったのに、あなたは最後にはわたしを拒否しました。あなたには自分の病気のほうが大切だったのです。

ミレナ

一九二〇年十一月三十日、ウィーン

わかりました。あなたが沈黙を望むなら、わたしも口をつぐみます。あなたが安らかな気持ちになれるのなら。あなたとおなじように、わたしはあなたに送ることのない手紙を書くでしょう。あなたがウィーンでさえもう話せないと言うのなら、わたしはもうどんな希望ももてません。

一九二一年四月十三日、ウィーン

フランク、

あなたがもうそれを望んでいないので、わたしはあなたには手紙を書かないことにする、とマックス・ブロートに約束しました。わたしの手紙があなたを苦しませていることもわかっていますが、もうこれ以上あなたの沈黙には耐えられません。あなたを理解しようとして、わたしは頭がおかしくなりそうです。わたしは通りを走りまわり、灰色の郊外まで歩いていって、泥だらけの道に足を引きずり、排水溝を通って、家に戻ると、一晩中窓辺にかじりついています。ときおり、わたしのなかで弾ける思いが、ナイフを研ぐときみたいに四方に小さな火花を散らし、わたしの心臓は釣り針に掛かったかのように、あのとても細い釣り針に掛かったかのように、鋭く、細い、怖ろしい痛みで引き裂かれるのです。

わたしはマックスに説明をもとめました。あなたが死にかけているのはわたしのせいなのかどうか知りたかったのです。けれども彼は、なにも知らない、あなたのことは理解できないと言うのです。あなたのあんなに親しい友だちなのに。彼はわたしのせいではないと言いますが、なぜあなたがわたしに、たとえ友だちとしてさえ、会いたがらないのかはわからないと言っています。

わたしはとても調子が悪い状態です。

最後にもう一度手紙をください。お願いします。わたしは理解する必要があるのです。

ミレナ

追伸

わたしはプラハに戻って、父の家に住むことになります。

一九二一年八月十五日、ウィーン

わたしたちの愛は美しく、本物で、したがってありえないものでした。まず最初に出逢ったのはわたしたちの心で、わたしたちは相手の書いたものを読んだのです。すぐにはそれが愛だとは気づきませんでしたが、それが何かは重要ではありませんでした。それはわたしたちを超えたところで始まっていたのです。

わたしたちの結びつきのどうしようもない美しさ、わたしたちだけのものであるこの原初の感情、この喜びと悲しみの綯《な》い交《ま》ぜになったもの、理想的な生へのノスタルジーはいまでもまだ残っています。わたしたちはすでに別の場所で愛し合い、永遠に愛し合うことになるでしょう。それを肉体的に実現できないことがわたしたちの愛を増幅させ、それは神話的なものになるでしょう。それはほかの場所からきたもので、わたしたちにはどうすることもできないのです。それは所有欲ではなく、わたしたちを超越したものです。あなたを読むとき、わたしがいつも感じるのがそれです。喜びと悲しみ。融合と別離。この地上でのわたしたちの結合は不可能なのです。凡庸な日常のなかには居場所を見つけられないのです。なぜなら、それはすべてを欲するから、永遠を欲するからです。それは偶発的な愛ではありません。ひとつの祖国なのです。わたしたちは肉体の死を超えて会いつづけるでしょう。あなたの生が尽きようとしていること、もっと多くをもとめるのはあなたには不可能なことをわたしは知っています。でも、わたしはもっと多くのものを、すべてをもとめるのです。まず初めに、あなたに手紙を書くこともそのひとつですが……。

あなたはわたしにあなたの日記を託しました。それはとてもいいことでした。それを読むとき、わたしはあなたといっしょにいられるからです。けれども、そうすることによって、あなたはわたしを遠ざけました。たとえあなたが望んでも、結局、あなたはわたしたちの心をどうすることもできないのです。ばかげているかもしれないけれど、そうなっているので、それはそれでいいのでしょう。わたしはあなたを愛しているけれど、あなたにはもう手紙を書きません。それを知っておいてください。それがあなたを高めてくれることを祈っています。わたしたちの意志を、わたしたちの肺を、わたしたちの血を気にも留めないこの愛をあなたは拒否することはできません。わたしは胸をドキドキさせながらあなたのことを考えつづけるでしょう。喜びと悲しみ。この愛はわたしたちには大きすぎるのです。あふれ出てしまうのです。あなたの手紙を読み返すと、いつも涙があふれ出します。この人生で可能だったかもしれないすべてについて、不可能だったすべてについて考えながら。

それは不可能だったから可能だったのです。

わたしたちの愛は不可能だったから、あなたはわたしを愛したのです。

一九二二年二月十四日、ウィーン

親愛なるフランク、

お元気ですか、体の調子はいかがですか？　マックス・ブロートが定期的に近況を知らせてくれますが、それでもひどく心配せずにはいられません。あなたがわたしの記事を読んでくれているのは知っています。わたしはあなたのために自分のすべてをできるかぎりそこに込めているつもりです。なんとか楽しいものが書けるように努力しています。あなたに少しでも喜びを伝えられればと心から願っているのです。

そして、いまでもひょっとするとあなたが返事をくれるかもしれないと期待しています。古い女友だちのひとりに返事をするように。

あなたのミレナ

一九二二年四月七日、ウィーン

フランク、

あなたは返事をくれないけれど、あなたがいるのはわかっています。まだすごく迷っているし、あなたに言うべきかどうかも迷っているのですが、もう一度あなたとお会いするためにプラハに行こうかとますます本気で考えるようになっています。去年の四回の訪問はよかったのではないかと思います。ほとんどどうということもなく、苦しかったけれど、うれしかった。すくなくともあなたが生きていることを確かめることができました。ひと月まえから、あなたに会いにいくべきだという気持ちがだんだん強くなっています。

ミレナ

一九二二年十月十五日、ウィーン

親愛なるフランツ、フランツK、フランク博士、

あなたの手紙を、愛おしい筆跡の手紙を受け取れるなんて、フランク、ああ、なんという喜びであり苦しみでしょう！　封筒を目にしたとき、わたしの心臓はもうすこしで爆発するところでした。わたしよりも先に心臓がすべてを理解したのです。あなたはそこにいる、依然としてそこにいて、わたしも以前と変わらずにいます。わたしはあなたのミレナです。あなたがこんなに近くにいて、こんなに近づきがたいと知ることがどんなにやさしく狂おしくわたしを衝き動かすことか。わたしの目はうるみ、喉が締めつけられ、空気が足りなくなって、喜びで窒息しそうになります。あなたが生きている。この世界でこれ以上すばらしいことはありません。たとえ地下にいても、自分の地獄の底にいても、あなたはわたしが生きていることを覚えている。それこそあなたはわたしから、わたしの心から一瞬たりとも出たことがなかったかのようです。あなたの牢獄は健在です。わたしは世界中のすべての力を集めて、あなたを抱きかかえています。あなたの具合はどうですか？　病気はどうなっていますか？　まだちゃんと呼吸ができていますか？　十分に食べていますか？　わたしのなかのあなたはとても重く、ありありと存在しているので、苦しげですばらしく強烈な、暗いのに輝きのあるあなたの眼差しが忘れられません。あなたはあんなによくわたしを愛してくれました。あなたの視線、あなたの光がわたしから離れたことはあり

ません。わたしはあなたの求めることはどんなことでもするつもりでしたが、あなたはいつも自分自身に逆らうように行動するのでした。あなたは一度もわたしを求めようとはしなかった。

　ああ、わたしたちはなんと人生を、わたしたちの道を見失ってしまったことでしょう。わたしたちはささやかな共同生活をすることを拒否しましたが、それはあなたがすべてを求めたからでした。あなたは心の美しさと、肉体の美しさ、不可能な純粋さを求めたのです。わたしは準備ができていませんでした。あなたはわたしに底まで下りて、そこからあなたのところまで飛翔することを求めたのですが、わたしは這いまわることしかできませんでした。わたしにはなにも見えず、あなたはあまりにも高みにいたからです。

　どれだけの手紙を書いて、破り捨てたことでしょう。わたしたちがいっしょに生きる可能性が運命で閉ざされているとき、手紙を最後まで書いてしまえば、あなたの息の根を止めることになるのがこわかったからです。駅の前を通るとき、いったい何度列車に乗ろうと思ったことでしょう。あなたがそこにいると知りながら、プラハを通過するとき、いったい何度わたしの心は引き裂かれたでしょう。いったい何度夢のなかで、ふたりでまたあの森に舞い戻り、あなたの頭をわたしの膝にのせたことでしょう。

　わたしはもうあなたの出版物を待つだけ、友人たちにあなたのことを話させて、それに耳を傾けるだけでしょう。

ミレナ

発送されなかった手紙

一九二〇年六月十五日、ウィーン

ああ、なんてことなの、なにもわかっていないんだわ、この変人は。なんでもかんでも怖がって、なんと、自分の影をさえ怖がっているんだから、いい加減うんざりよ。この彷徨えるユダヤ人は。一度はイエスと言っても、次にはノーと言ったり、まったく頭がどうかなりそうだわ。まだわたしと寝たこともないのに、たぶん寝ることはないかもしれないのに、わたしといっしょに暮らしたいなんて。わたしが十三歳年下だからといって、わたしにはいくらでも時間があるわけじゃない。たしかに、彼には書く才能がある。そう、文学的天才なのよ。でも、天才だと言っても、それだけでは十分じゃない。しかも、わたしの夫は隣の部屋で、自分はきれいだとうぬぼれている、あのおっちょこちょいのミッツィ・ベーア〔一五四ページの「リスル・ベーア」と同一人物か〕と楽しそうに寝ているんだから。ああ、いったい、あなたは何を待っているの、フランツ・カフカ！ 彼は夢でわたしをふくらませ、待ってくれと言っているのはわたしのほうだと言うのだけれど。なぜ彼は自分の体重が五十五キロだなんてことを言うのかしら。もう愛の手紙なんてうんざりだわ。

わたしはもうこれ以上我慢できない。わたしは爆発してしまう。
恋人のあなたが大嫌いなミレナ。

一九二一年一月七日、ウィーン

フランク、
わたしの沈黙が、わたしたちの沈黙があなたで、わたしたちで満たされている日があります。生き生きとした濃密な日々。信じきっている日々。けれども、だんだん多くなってきているのですが、沈黙が空虚でしかない日もあります。なにも通らず、人の住まない砂漠。すべてが幻でしかない日々。

Fk、あなたは遠ざかっていく。あなたは距離を置こうとしている。あなたはもうわたしが手紙を書かないでほしいと思っている。理由があるはずです（が、理由はないのです）。あなたの神経がそれを要求するのなら、わたしは沈黙します。そう考えると、わたしはほっとします。わたしたちの愛は不可能だったのです。わたしたちは夢を見ていたのです。このわたしは、わたしはあなたと生きることしか夢見ていませんでした。もしもわたしが愛するのなら、それは生活のすべてを通じてのことになります。生活のすべてが可能にならなければならないのです。無限が口をあけることになり、それがおそらくあなたを怖がらせるのでしょうが、わたしはほっとするのです。朝、昼、夜。昼間も夜間も。キッチンでもベッドルームでも。戦争中なら地下室でも。湖畔でも山の頂でも。ウィーンでも、プラハでも、あるいはニューヨークでも。あなたのためなら、わたしは古いヨーロッパを捨てることもできるでしょう。なにひとつわたしを止められるものはありません。ほとんどわたしの意志にかかわらず、そうなるのです。わたしの心臓が血を搔き立てるかぎり。けさ、時間はなかなか過ぎていきません。わたしは読んでいるし、翻訳するものもあるのですが、それはもうあなたを語ろうとせず、上辺だけのものにすぎません。時間をつぶすために、わたしは家の掃除さえしました。掃除をするなんて、わたしの人生のほんの切れ端でもそんな無意味なものに使うなんて、わたしはよほど不幸だったにちがいありません。際限もなく時間を浪費するもの、それが掃除です。二時間もかけて磨いても、だれもそれには気づかないし、夕方には違いがわからなくなっているのだから。わたしが自分の時間を捧げたいのはあなたです。わたしはそういう二時間をあなたに捧げて、あなたの傍らで過ごし、あなたといっしょに息をしていたい。それ以上でも以下でもありません。そういう二時間をわたしに与えてくれること、それがそんなにむずかしいことなのでしょうか？

そう、どうやらそうらしいですね。それなら、あなたのいないこの二時間を、なんの価値も必要性もない二時間を、わたしは無駄なことに使えることになります。わたしは床を掃除しました。だから、父の家みたいに、床で食事をすることだってできるでしょう。結局のところ、わたしはとても平凡な仕事を済ませたことで、ちょっと誇らしい気分になっています。わたしは平凡になりたいのです。それは心安まることなのだろうと思います。そのうちいつか、かならずしも自分の意見を言う必要性を感じないで新聞が読めるようになるかもしれません。

あなたから遠く離れて、あなたを取り巻く人々の外にいると、わたしの生活にはなんの価値もなくなり、ほとんどほっとするような気分です。わたしの生活はまた平凡なものになり、完璧を期す必要はなくなるからです。わたしは陰気な田舎をぶらついて、休んでいます。もう激しい感情はありません。エルンストもわたしから遠いところで自分の生活をしています。それはとてもいいことです。わたしは彼からも自分を引き離すつもりです。でも、こういうことが長くはつづかないことをわたしはよく知っています。わたしはまただれかを愛するでしょう。わたしは人を愛さずにはいられない女で、そういう結びつきなしには生きていけないのですが、あなたとの関係はそれとは違います。わたしはあなたを自分のなかに保っておきたいので、あなたを愛そうとするのです。あなたは心やさしい神様みたいにわたしを高めてくれるのです。もしかすると、あなたは友だちになり、わたしたちは心を騒がせることなしに会えるようになるかもしれません。そういうことも可能なような気がしますが、じつは、友情と恋愛感情は何が違うのか、わたしにはほんとうはわからないのです。肉体的に惹かれるものがあるかどうかというだけの問題なのでしょうか？　友だちのスタシャに対してわたしが抱いているのは愛情だし、あなたに対しても、この胸に抱きしめたいという生《なま》の欲求を抱かずにはいられないでしょう。あなたがとてもそれには耐えられないことはよくわかっています。あなたの神経はあまりに傷つきやすく、昆虫の蛹のほうがまだもっと丈夫だと思えるくらいです。だから、地中に潜ることです。陰のなかにとどまることです。そうすれば、わたしの存在があなたに不快な思いをさせることも、わたしがあなたを困惑させることもなくなるでしょう。初めのころの手紙のひとつで、『火夫』についてあなたが言ったことを思い出すと、わたしは胸が痛みます。「あなたがこの物語を気にいってくれたことは、もちろんこの作品の価値を高めてくれるのですが、わたしの世界のイメージをすこし揺るがします」あなたがわたしを愛してくれていたら、わたしはあなたの世界のイメージをおおいに揺るがし、あなたの人生全体が変わっていたことでしょう。

わたしはいま怖ろしい安らかさに包まれています。怖ろしいのはそれが断念だからです。犠牲だからではありません。それにはわたしの心は耐えられないでしょう。胸が痛むのはほんとうです。わたしは愛することをやめられないのです。だからこそ、あらゆる証拠にもかかわらず、わたしにやさしさも慰めも与えてくれないエルンストに対する貞節を守っているのです。この結婚が何になるのだろうと思うこともありますが、そういうとき、わたしが父から逃げるのをこの人が手伝ってくれ、わたしを救ってくれたことを思い出さずにはいられません。彼はときおりふとやさしくなることもありますが、あまりにも移り気です。わたしはどうしても自分にふさわしくない男を愛してしまうようです。わたしのエネルギーのせいで男たちを怖がらせてしまうのです。あなたもやはり、わたしがあなたを燃やしてしまうのを怖れていました。わたしが毎晩のようにあなたと強烈な淫らさのなかで過ごすのを夢見ていたことをあなたが知っていたなら……。ウィーンでの四日間のあと、あなたについていっていたら、わたしはあなたのおかげで千年生きられたでしょう。もしもわたしがあなたを信頼していたら、あなたはいまごろ自分の体のなかで生きていられたかもしれません。あなたの日記を読んでいて気づいたのは、わたしに手紙を書いているあいだはずっと、あなたが日記をつけていなかったことです。あなたは生きていたのです。すべてをわたしに話していたのです。わたしがあなた自身みたいなものだったのです。そして、あなたが手紙のやりとりをやめたいと言いだしたとき、病気がわたしたちからあなたを取り戻したとき、わたしは遠く離れていたので、あなたはふたたび自分自身に向かって、あなたの日記に向かって書きはじめ、毎日のようにあなたの死の妄想《オブセッション》を、あなたの世界をふくらませていきました。そして、また小説を書きはじめたのでした。あなたの明晰さ、毒のような明晰さが戻ってきたのです。わたしにとっていちばん耐えがたいのは、それが、あなたの妬《ねた》みぶかい排他的な天才が、わたしがあなたを愛した理由だったことです。

ごくふつうの小娘であるわたしにとって、わたしの狂気の焼けつくような痛みを感じない、がさつな男を愛するほうがよかったのかもしれません。わたしがなんの期待も抱かないようなごく平凡な男。役人か、事務員か、保険代理人か。そういう男をだれか知りませんか？

一九二一年二月十三日、ウィーン

あなたの日記を読んでいるうちに、もっとよく理解できるようになりました。わたしはそんなふうに終わらせるつもりはすこしもありませんでした。ほかの人があなたのそばにいることで引き起こされる崩壊について、あなたは語っています。グミュントで起こったのはまさにそれでした。あなたはあまりにも深い融合を期待していたので失望し、その失望はあなたにとって深淵になり、あなたは苦悩に埋もれてしまったのです。わたしもそういう経験をしたことがあります。それはある夜、湖のほとりの、スタシャの両親の別荘でのことでした。夏でした。わたしは数カ月ぶりにスタシャと会ったのです。ご存じのように、スタシャの両親はわたしをよく思っていませんでした。スタシャがすこしでも道を外れたことをすると、それはすぐさまわたしのせいだということになったのです。わたしたちはずいぶんいろんなことをしたので、この両親にとって、わたしは女悪魔みたいなものでした。それでも、わたしはこの友だちに再会できるので大喜びでした。このとき、わたしたちは十七歳、学年が終わったところで、彼女が優秀な成績を修めたので、両親がわたしを招待することを許可したのです。ただし、自分たちの家で、自分たちの監視の下で。湖畔の家はきれいでしたが、別荘でした。雨が降っていて、寒く、家はジメジメしていて、カビさえ生えていました。到着したときから、わたしは寒くてたまりませんでした。夜の時間は、火のそばで、穏やかに、冗談まじりのおしゃべりで過ぎていきました。すべてなんの問題もなかったのに、わたしは怖ろしい不安に襲われ、一晩中涙をこらえるのに必死でした。スタシャがまるでわたしがそこにいないかのように振る舞っていたからです。べつにわたしだけに注意をそそいでくれなくても、それは受けいれられたでしょうが、まるでわたしたちの愛がなかったか、彼女がそれを忘れてしまったか、わたしたちのあいだにあのとてつもない愛情が存在しなかったかのようだったのです。彼女はたぶんわたしを自分の家族のみんなとおなじように扱っていたのでしょう。そこは彼女の家で、すべてがごく当たり前でした。わたしは深い、絶対的な共犯意識を共有すること、ひとつに融合してしまうことを期待していたのに、彼女はヒラヒラあちこち飛びまわっているだけでした。それで、わたしは深淵の底に突き落とされたのです（ほかの人にとっては、それは小さな裂け目にすぎませんでしたが）。

その夜、わたしたちのあいだのなにかが断ち切られたのです。そのあとも、ご存じのように、わたしたちは友だちではありましたが、それなりの限度と裂け目のある、大人同士の付き合いになりました。天国は失われ、純粋さは消えてしまったのです。

一九二一年三月六日、ウィーン

ああ、フランク、あなたはなんと遠くへ行ってしまったことでしょう。忘却によってあまりにも深く埋もれてしまっているので、わたしはつまらない迷信に頼る気になっています。マーガレットの花は十一月にはなくなってしまうので、わたしは日記をめくります。わたしのごく最近の思いつきで、これをするとふつうには読めないのでおぞましいのですが、日記を手に取るたびに、目をつぶって、でたらめにページをひらき、ページのまんなかあたりを指差すのです。それから、目をあけて、指差されている単語を読むのですが、占い師みたいに、それがわたしの運命や、わたしに対するあなたの気持ちや――わたしはしばしば答えに合わせて質問を設定するので――、そのほかのことを告げているというわけです。わたしは神々からのお告げとなんとか折り合いをつけてやっています。まったく突拍子もないことになったりするのですが。わたしは日記の腸卜《ちょうぼく》師《し》〔臓卜師とも。古代ローマの占い師で、生贄の内臓を使って占った〕です。

（それがうまくいくかどうか確かめてみました。指が〝週〟を指したので、それは今週、あなたの手紙を受け取るだろうという意味です。もう一度やってみると、こんどは〝崩壊した〟を指したので、わたしはそれを読んでくずれ落ちるだろうということです。あなたも自分の未来を知りたければ、わたしに訊いてください。あなたなら相談料は割引にしておきます）

デルフォイ〔古代ギリシャの都市。アポロン神殿があり、巫女による神託が有名〕のミレナ

一九二一年六月十二日、ウィーン

あなたから沈黙を強いられてもう何カ月にもなります。

手紙のやりとりが途絶えたのは、それがあなたの意志だからです。わたしはあなたを愛しています。わたしはあなたと対話をつづけています。そうなのです。水が涸れることはないのです。わたしにはわかっていたし、あなたも知っているでしょう。あなたは休息を望んでいるけれど、わたしのなかではまだあなたのことを考えてしまうのです。水は流れています。以前よりゆっくりとですが、流れているのです。わたしはあなたを愛しています。わたしたちにはわかっていたのです。ずっとつづくことが。まだまだつづくことが。だから、わたしは自分自身のために手紙を書きます。だから、もう発送することも、届くこともない手紙を書くのです。それはどうでもいいことです。あなたはすでにすべてを知っているのだから。この手紙はあなたのなかに届いて

いるのです。だから、無駄だけれど、悪くないものなのです。あなたが読むことはないでしょう。でも、それは重要ではありません。あなたが知っていることをわたしは知っているからです。わたしはあなたを愛しているというのがわたしの混乱状態を表すただひとつの言い方です。それはとてもやさしい言葉で、わたしといっしょにいてくれます。手紙を出すのはなんでもないことで、とてもばかばかしいことですが、それさえもわたしたちには許されていないのです。嗚咽《おえつ》がわたしの喉をふくらませますが、炸裂することも外に洩れることもありません。目にたまる涙とおなじように。手紙が揺らめき、言葉が躍ります。わかるでしょう、わたしがどうやって自分を慰めているか、あなたが遠くであなたの生を、つまり、あなたが慈しむ死を生きるままにさせているか。わたしも招かれていれば、おなじようにそれを慈しんだでしょうが、招かれてはいないのです。日によっては、わたしにも理解できることもありますが、たいていはそうはいきません。なにひとつ。不可能なのです。わたしはあなたではないからです。嗚咽がこみ上げ、わたしは息を詰まらせます。わたしは自分の言葉をなめらかにします。それはわたしにとってやさしいものになります。柔らかい絹の経帷子《きょうかたびら》みたいにしたいのです。水はまだ流れています。わたしに生があるかぎり。

一九二二年

いまわたしたちが経験している破局はわたしたちが生まれたときから始まっていたのです。なぜなら、わたしたちが生まれた瞬間から、死は動きはじめていたからです。愛がはじまったときからすでに破局が余計な世話を焼いており、間近に迫った終局は毎日一日ごとに、一時間ごとに先延ばしにされているだけなのです。

あなたは言葉のなかに閉じこもるほうがよかった。あなたが生きられるのはそこでしかなかったからです。けれども、わたしはそうではなかった。そうはしたくなかった。わたしは五人もこどもを産んで、農民の女のように生きたかった。全身を物質に捧げたかった。雌牛の群れのなかの雌牛みたいに生きたかった。わたしがどんなふうに立ち直るかごらんなさい。それがわたしには合っているのだとなんとなくわかっています。ひとりの男に自分を結びつけること。自分を委ねること。その手のなかに身を委ねること。それはわたしにはできないのだということも、わたしは同時に感じています。わたしはそこまで従順になれないのです。そうしたいとは思うのですが、わたしのなかのなにかがいつもわめくのです。馬銜《はみ》を嚙まずにはいられない馬。わたしの思春期はそういう状態でした。わたしはいつも限界を超え、法律を破ってでも、その向こうに行こうとせずにはいられませんでした。もしかすると、父があれほどの暴君でなかったら、わたしはこれほどひどく案内人を揺さぶる必要はなかったかもしれません。でも、わたしは暴走してしまいました。いまではもうスピードを緩めることはできません。もしもわたしの母が生きていたら……。いま、わたしは破局に向かって走っています。

一九二三年十二月一日、ウィーン

フランツK、あなたの平安のためにわたしが守っていた長い沈黙のあと、わたしに手紙をくれるなんて、あなたはなんと残酷なのでしょう。この手紙を読めば、あなたがどんなにわたしを愛していたかわかります。あなたはわたしを愛していたし、わたしはあなたを永遠に愛しています。あなたの手紙はすてきで、親切で、深みがあります。こんなに親切だった人はいないし、こんなにわたしを愛してくれ、心の底まで理解してくれた人はいませんでした。わたしはあなたを待っていたし、あなたは来るはずだったのに、一度も来ることができなかった――あなたが生きていて、ときにはわたしのことを考えてくれるのに、わたしたちの人生がこんなにも遠く離れていると知ることは、どんなにわたしの心を痛ませ、苦しませることか。わたしはあなたのそばで死ぬことを夢見、あなたといっしょに死んでいきたいと思っていました。けれども、そんな場所はありませんでした。あなたのそばにいる権利があるのは苦しみだけだったのです。わかっています。わたしたちはたがいのために、たがいにいっしょに、このうえなく悲しい人生を生きたのです。

永遠にあなたの

ミレナ・イェセンスカー

原註

＊1　**カフェ・アルコ**　一九〇七年に、ヒベルナーガッセとプフラスターガッセの角に開業し、プラハのドイツ語系文士のたまり場になった。戦後、客層は文人から商売人に少しずつ入れ替わっている。

＊2　**『殺人者』**　一九一八年一月に年鑑誌『新文学』（Die neue Dichtung）に発表され、その後、多少手を入れられて、短篇集『田舎医者』に『兄弟殺し』というタイトルで再録された。

＊3　**メラン**（イタリア語読みではメラーノ）　イタリア領になりかかっていたトレンティーノ＝南チロルの温泉保養地。「結局、ここは外国である。たしかにほんの小さな外国の領土だが、気分はいい」とカフカは言っている。

＊4　**ユーリエ・ヴォリツェク**（一八九一プラハ―一九四四アウシュヴィッツ）　カフカはシ

ュレーゼンのペンションに滞在中、やはり肺病の療養中だった彼女と知り合い、のちに結婚を決意するが、カフカの父親が猛反対する。カフカは必要な健康診断をずっと先延ばしにしていたが、その結果、結婚は中止になった。彼女は一九二一年に銀行の支配人ヨゼフ・ヴェルナーと結婚する。

＊5　**スタシャ・イーロフスカー**（一八九八ウィーン―一九五五プラハ）　ミレナの友だちで、ジャーナリストで翻訳者だったミレナを週刊新聞『トリブナ』紙に紹介した。

＊6　**ヴィリー・ハース**（一八九一プラハ―一九七三ハンブルク）　カフカからミレナ・イェセンスカーへの手紙を初めて出版した編集者。ヤルミラ・ライナーの夫、ヨゼフ・ライナーが自殺した一年後にヤルミラと結婚。彼が出版した手紙のあとがきのなかでミレナについて証言しているところによれば、ミレナはこの不倫関係を容易にするために協力したという。

＊7　**グリルパルツァー**の『ウィーンの辻音楽師』はカフカにとって非常に重要だった（彼はそれについて一九一四年四月十五日付のグレーテ・ブロッホへの手紙のなかで語っている）。役人で、法学者であり、不幸で、婚約しながらいつも結婚はできなかったこの孤独な作家をカフカは自分と同一視している。グリルパルツァーは、フェリーツェ・バウアーのような「実務に有能な娘が好きだった」。若いときからの恋人、カタリナ・フレーリッヒと生涯婚約

したままだったが、本人が認めているところによれば、「結婚する勇気がもてなかった」のだという。

＊8　**グミュント**　低地オーストリアの街。チェコ共和国との国境沿いに位置する。

＊9　**ヴラスタ・クナップ**（一八九〇―一九六〇）ミレナの父親のアシスタント。のちに医師になる。

＊10　局留めの手紙の到着をひそかに伝えるため、カフカはミレナになにも書いていない絵葉書を送った。一九二〇年九月二十二日付の手紙で、彼はそれを〝印刷物〟と言っている。

＊11　**ボジェナ・ニェムツォヴァー**（一八二〇ウィーン―一八六二プラハ）小説『おばあさん』（一八五五年発表）で有名な著者。カフカはこの作品には「人間を知るために汲めども尽きせぬ」ものがあると考えていた。

訳者あとがき

一九二〇年から一九二三年にかけてカフカがミレナに送った夥《おびただ》しい数の手紙は『ミレナへの手紙』として公刊されている。そこにはカフカの不安や苦しみを共有するミレナへの彼の思いが急激に深化していき、やがて突き崩せない壁に突き当たって押し戻される様子が一篇の小説であるかのように読みとれる。カフカが死んでから二十八年後、一九五二年に初めて世に出たこの書簡集を編纂したヴィリー・ハースは、これは「絶望と歓喜、自虐と屈従の入り乱れた酒神祭のような、すさまじい恋愛小説」(辻瑆《ひかる》訳)だとさえ言っている。

ミレナがカフカに初めて会ったのは一九一九年秋か二〇年初めで、すでに結婚してウィーンの住人になっていたミレナは、故郷のプラハに短期間滞在した折り、以前から出入りしていた文芸仲間の集うカフェ〝アルコ〟で彼と顔を合わせたようである。それからしばらくすると、ミレナは彼の初期作品『火夫』をチェコ語に翻訳する許可を求め、それがきっかけになって、一九二〇年春から、当時は南チロルの保養地メランにいたカフカとウィーンのミレナとのあいだで手紙の交換がはじまる。

すると、たちまちのうちに、このふたりのなかに存在を揺るがすような炎が燃え上がり、カフカがプラハに戻ってからもこの文通はつづいて、数ヵ月のあいだ、相手のと同時に自分の心の底を掘り起こそうとするかのようなやりとりがつづいた。それは〝恋愛〟としか呼びようがないが、そう呼んだとたんに重要なものがこぼれ落ちてしまうような関係だった。

ミレナ・イェセンスカーは思春期に母を亡くし、その後は人生の成功者として絶大な自信をもつプラハの名士である父親の下で育つのだが、繊細さを併せ持ちながらも自由奔放なこの娘は、父親の用意した鋳型にはけっして収まろうとしなかった。十一歳からプラハの――教育者や医師などチェコ社会の指導層の有名人を多数輩出した――名門女子ギムナジウム・ミネルヴァに通ったが、この女学校は自由で開放的な雰囲気で知られていた。ミレナはそこで生涯の親友になるスタシャ・プロハースコヴァーと知り合い、当時としては異端の、自然な髪形にゆったりとしたドレスというラファエル前派風のいでたちで街を練り歩き、夜の墓地を散歩したり、市立公園から花を盗んだり、ユダヤ系作家や文芸仲間が集うカフェ〝アルコ〟にも出入りするようになる。やがて、彼女はそのカフェの常連でもあるエルンスト・ポラックというユダヤ系の青年に恋をするのだが、その噂を聞きつけると大のユダヤ人嫌いだった父親は激怒して交際を禁止する。しかし、ミレナはそれをおとなしく聞き入れるような娘ではなく、隙を見ては家を抜け出して相手と会いつづけたので、父親は知人の医師に贋《にせ》の診断書を書かせて、彼女を精神病院に強制入院させるという暴挙に出た。その結果、彼女は九ヵ月も精神病院に閉じこめられることになるのだが、そこを出ると、すでに成人になっていた彼女は、すぐさまポラックと結婚して、ウィーンに移住してしまうのだった。

ところが、ウィーンでの生活は彼女が思い描いていたようなものにはならなかった。ポラックは当時は珍しくなかった自由恋愛主義者で、結婚してしまうと獲得した獲物には興味を失ったのか、連日文芸カフェを渡り歩いて、次々に新しい女にアタックするのをやめなかった。ミレナも自由恋愛主義という生き方を受けいれてはいたが、自分自身は彼に伍《ご》して愛人のあいだを渡り歩く気にはなれなかった。そのうえ、夫が家に生活費を入れようともしなかったので、生まれて初めて自活する必要に迫られ、チェコ語を教えたり、友人のツテを頼って雑誌に記事を書いたりするようになる。カフカの作品の翻訳を思い立ったのはちょうどそんな時期、ウィーンでのポラックとの生活に疑問を抱きはじめていたころだった。

多感な時期に十カ月近くも精神病院に幽閉されたこともあって、彼女にとってカフカの『変身』は他人事《ひとごと》ではなかった。グレーゴル・ザムザはこのわたしだ、と彼女は感じたのである。翻訳という作業は作品の奥底に分け入り、ある意味では、作者になり代わろうとする試みにほかならないが、当時はまだ無名に近かったカフカの初期作品の翻訳や手紙の交換を通して、彼女はカフカという存在の核に、その根源的な不安に迫ろうとする。数カ月のあいだにやりとりされた百通を超える手紙を通して、ふたりはたがいに相手を本人より深く理解しているといっても誇張ではないほどになる。しかし、書くことがすべてであり、書くことが即生きることだったカフカとは違って、ミレナはいずれはこどもを産み、生活のなかでも相手と一体になる夢をもつ〝大地の女〟だった。彼女はカフカとさらに深く結びつくことを望みながらも、もしも自分が彼のもとに押しかければ、生と死の危ういバランスの上で成り立っているカフカという存在を崩壊させてしまうのではと怖れ、大きく揺れ動く心を抱えたまま、結局は最後まで決定的な一歩を踏み出すことができなかった。

このふたりは実際にはほんの数回しか会っておらず、すべては夥しい手紙のやりとりのなかで進んでいったので、前掲の書簡集を通してわたしたちはその始まりから終局までをたどることができるが、ミレナからカフカに送られたはずの(やはり数知れないほどの)手紙は未発見で、おそらく焼却されたものと考えられている。その大きな穴を想像力で埋めようとしたのが本書である。したがって、この〝カフカへの手紙〟は現存しない手紙をあたかも実在するかのように書かれた〝想像上の手紙〟なのだが、「はじめに」のすぐあとに参考文献のリストが掲げられていることからも推察できるように、著者は現実のミレナという人物に可能なかぎり肉薄しようとしており、本書は読者が読み進んでいくうちに、いつの間にかそれがフィクションであることを忘れて、ミレナの肉声に耳を傾けているような気がするものになっている。

カフカの死後、ポラックと離婚したミレナは、やがて自立した女性ジャーナリストとして評価されるようになっていく。両大戦間のファシズムが勃興する政治的な激動期にあって、彼女の記事はあくまで生活者の目線からふつうの人々にやさしく語りかけるスタイルで、読者にも好評を博した。当時、女性に任せられていたのは家庭欄やモードの分野に限られていたが、ミレナのモードの記事は単に服飾の流行を追うだけではなく、ライフスタイルやそれぞれの人生との向き合い方にまで及び、〝シンプル〟という言葉をキーワードに、あらゆる既成概念にとらわれない、自由な自立した女性の生き方を提唱するものだった。

プラハに戻って、ジャーナリストとして活躍するようになると、ミレナはほどなく新進建築家、ヤロミール・クレイツァルと再婚し、女児を産むが、臨月から出産にかけて深刻な病におかされ、痛みの緩和に使われたモルヒネ中毒に苦しめられる。このころから、共産主義を信奉する夫の影響もあって、彼女は共産主義に傾いていき、共産党系の雑誌に書くようになる。この時代、不気味に勢力を拡げつつあるファシズムに対抗できるのは新興社会主義国家のソビエト連邦しかないと考える知識人が多く、社会主義国家の建設に資することこそ自分たちの使命だとして、グロピウスやル・コルビュジエを初めとする名だたる建築家がソ連に出かけていく。クレイツァルもそのひとりとしてソ連に旅立つのだが、ミレナは娘といっしょにプラハに残る決心をした。

クレイツァルが発ったあとも、ミレナは共産党系の雑誌に書きつづけ、そういうなかで知り合ったジャーナリストのエヴジェン・クリンゲルと同棲するようになるが、彼女の書く記事は党の方針というたがを嵌められて、しだいに平板なものに堕していき、のちに、クリンゲルがトロツキー的偏向を理由に党を除名されると、ミレナも党の雑誌とは縁を切ることになる。仕事を失って、一時は生活に困窮するが、友人たちが手を差し伸べて、ほかの執筆先を提供してくれ、彼女は匿名で記事を書きつづける。やがて、政治・文化を扱う『現在《プシートムノスト》』紙の編集長から誘われて、そこで仕事をするようになるが、そこではそれまでの家庭・婦人欄向けの記事ではなく、調査や取材に基づく社会的なルポルタージュを書くチャンスを与えられる。ただ社会的、政治的なテーマの場合にも、ミレナの書くものはユーモアあふれる人間味のあるスタイルで、好意的な読者が増えていった。

共産党とは訣別しても、ミレナは共産主義的な理想を捨てたわけではなく、ナチスが侵攻してくると、チェコの民族主義を守ろうとする論陣を張り、さらに言論だけでなく、実際に国外へ脱出する人々を支援する活動にも手を貸すようになる。やがてクリンゲルは身の危険を感じるようになって亡命を決意し、ミレナも同行するように懇願するが、彼女はこのときもそれを拒否し、友人たちからの脱出の誘いをも断って、あくまでプラハに止《とど》まった。そして、寄稿していた新聞が発禁になると、地下新聞に移って活動をつづけたが、最後にはゲシュタポに逮捕される。そして、プラハの刑務所からドレスデンの未決監刑務所へ、さらにラーヴェンスブリュック女性強制収容所へと移され、そこで腎臓病が悪化して四十七年の生涯を閉じたのである。

著者のマリ＝フィリップ・ジョンシュレーは一九七四年生まれ。ソルボンヌで現代文学、東洋言語文化学院で中国語を学んだあと、十年間、コレージュとリセでフランス語を教えたが、現在は作家業に専念している。すでに数篇の小説（『Diane chasseresse（狩猟の女神ディアナ）』、『La Mécanique du désir（欲望の力学）』など）のほか、短篇（『Dans la forêt profonde（森の奥で）』、

『Amour platonique（プラトニック・ラブ）』、『Voluptas, Voluptatis（ウォルプタース、ウォルプターティス）』など）、ジュニア向けの短篇（『Le bouillon du dragon（ドラゴンのスープ）』など）のほか、詩篇（『Ma carte totale du tendre（やさしさの世界地図）』、『Tu voulais une histoire（あなたは物語を望んだ）』も発表している。

なお、カフカは手紙に日付をつける習慣がなく、封筒がないので消印を頼りにすることもできないので、『ミレナへの手紙』は編者が手紙の内容から判断した順序で配列されている。カフカの遺稿を編纂し作品の大半を世に出したマックス・ブロートの死後あらたに公表されたさまざまな資料によって、カフカの伝記的事実がより詳細にあきらかになるとともに、手紙の配列も見なおされ、新しい版では推定された日付が付されるようになっている。著者が本書の執筆にあたって参照したのは『À Milena（ミレナへ）』（ロベール・カーン訳、エディシオン・ヌー刊、二〇一五年版）ということだが、現在入手可能な和訳としては『ミレナへの手紙』（池内紀訳、白水社刊、二〇一三年）がそれに比較的近いものになる（ただし、著者が元にした『ミレナへの手紙』と池内訳『ミレナへの手紙』はドイツ語の底本が異なり、手紙の配列にずれがある点に注意する必要があるだろう）。

村松　潔

二〇二三年十一月

Marie-Philippe Joncheray

J'avance dans votre labyrinthe
Lettres imaginaires à Franz Kafka

Marie-Philippe Joncheray

あなたの迷宮《めいきゅう》のなかへ
カフカへの失《うしな》われた愛《あい》の手紙《てがみ》

著 者
マリ＝フィリップ・ジョンシュレー
訳 者
村松 潔
発 行
2024年2月25日

発行者 佐藤隆信
発行所 株式会社新潮社
〒162-8711 東京都新宿区矢来町71
電話 編集部 03-3266-5411
読者係 03-3266-5111
https://www.shinchosha.co.jp

印刷所
株式会社精興社
製本所
大口製本印刷株式会社

乱丁・落丁本は、ご面倒ですが小社読者係宛お送り下さい。
送料小社負担にてお取替えいたします。
価格はカバーに表示してあります。

ISBN978-4-10-590193-6 C0397

CREST BOOKS
Shinchosha